PLUS⁺ 親子加分學

用九型人格理解孩子的心

關於作者——吼哥、吼妹

《PLUS親子加分學：用九型人格理解孩子的心》是由「吼哥」陳思宏Paul Chan，及兩個男孩的母親——「吼妹」共同完成的著作。

在親子教養上，我們和各位父母們一樣，都會經歷生氣、難過、開心、驚奇、不知所措等情緒，也會依自己的人格特質，對孩子做出不同的大吼行為。

吼哥吼妹連連看

吼，是一種生命能量；與孩子的互動，時常在各種的「吼」中，彼此共同成長。下面有八項吼哥、吼妹曾經做過的事，請各位猜猜看哪些是吼哥、哪些是吼妹的行為。答案公布在本書第188頁。

吼妹

吼哥

- 怒吼：學校剝奪式教育
- 歡吼：孩子驚奇創意力
- 驚吼：屢屢失控的脾氣
- 喜吼：探索生命與教育意義
- 樂吼：寒流也要帶孩子游泳
- 狂吼：氣瘋了，拍桌，痛死
- 不吼：孩子哭鬧，躲進房間
- 悶吼：面對制式無趣的學習

親子練功心法，縱橫笑傲江湖

國立花蓮女中輔導主任　季紅瑋

陳思宏老師曾經應邀到花蓮女中來上課。以他巡迴各地的人格九型講師身分，我看到積極加分的態度和實力，深深佩服！

滿分的親子「加分」學

他的團隊在演講前一天先來場地勘查，確認音響、場地安排都是最佳狀態。測試了麥克風、影片播放、了解學員的特質，甚至還有美麗吸睛的場地布置海報和課程旗幟。我跟他說：「你每年應邀主持那麼多工作坊，早已駕輕就熟，為何花那麼多時間在前置作業，費心又嚴謹？」他說：「身為專業講師，每一場演講，都是期末考！」他以加倍的時間和用心，讓參加工作坊的學員感受到課程學習的效果，我見證了學員們找到自己的感動、理解自己的眼淚；還有在生活中往前實踐的幸福行動指引。

超越獅吼功的武功祕笈

我以三個女孩的母親角色拜讀思宏老師的新作《PLUS親子加分學：用九型人格理解孩子的心》，深覺這個一期一會的期末考，是對現代父母超越一百分的獻禮。思宏老師自稱「吼哥」，但這獅吼之前按下暫停鍵的武功祕笈，善用了九型人格的智慧，再加上 PLUS 的引導，讓親子互動多了靈性的層次。不再拘泥九型性格的限制，而是更優游的運用溝通加分的心法。

現代的父母都了解，每天與孩子的相處是練功時刻，但我們多希望不要天天都來「獅吼功」，而能在每一次破碎、崩潰、自覺失敗無比的時刻，有錦囊妙計可以教我們如何絕地重生。我常常在高中輔導室的工作中接到家長的電話，大家都是認真又焦慮的父母，在與青少年兒女相處時的各樣問題，不分社經地位，一樣困擾著我們。

然而，我們也都深知，每一次怒吼或冷戰的情緒來襲時，都是讓自己和孩子再往上成長的關鍵時刻。這功夫要如何修練呢？思宏老師的武功祕笈，是在本書一步一步地、手把手教給我們，搭配逗趣又淺顯易懂的插圖，思路步驟分明的文字，還有知己知彼的各型優勢。每一篇小故事，每一個小撇步，確實如沙漠中的一小片綠洲，帶來解渴的酣暢和心領神會的喜悅，棒極了！

起手式：按下暫停鍵、走進心靈綠洲的滋養

「Pause 停頓— Listening 傾聽— Understanding 理解— Sharing and Serving 分享與服務」是思宏老師本書所傳授的 PLUS 親子關係加分學，我自己受惠於起手式「按下暫停鍵」。通常在日常生活中，我家最常衝突的時機是一早我要載著三個女兒上學，趕上班打卡的時間。一邊開車一邊爆發的親子劇場，在彼此催迫的時間壓力下，媽媽總是忍不住碎念或吼叫。「書包昨天不是應該就要準備好嗎？」「什麼？現在才要媽媽簽聯絡簿！筆呢？」「現在要去 7-11 印作

業？那全家都要遲到了！」在我各種失控後，女兒會冷冷地說：「媽媽可以不要這樣說話嗎？」更是火上加油的最後一根稻草。

有勇氣養兒育女的爸爸媽媽，常常會陷入各種憂鬱焦慮中，有時懷疑自己生病，甚至懷疑孩子生病了。而現在各種坊間流行的心理學理論：不論是回到童年療癒創傷、重建安全的依附關係，或是走進諮商所進行個人或家族治療、甚至到醫院看病吃藥的療程，都費時又花錢，一般老百姓可能負擔不起這心靈馬殺雞的昂貴開銷，有時甚至讓人走進更深的無助和愈挖愈黑暗的深淵之中，徒勞無功。

而現代社會需要的是「按下暫停鍵」的修練，藉由書中九型人格的智慧，了解自己、聆聽孩子。在每天每天的修行中，走進具體而微小的行動，表達愛與接受愛。

練功心法：自我照顧、夫妻之愛

我最喜歡本書中的最後一步「Sharing and Serving」：父母照顧自己，親子分享成長。思宏老師明確地說明爸爸、媽媽永遠要有意識地照顧自己，當自己有力量了，各種親子相處的崩潰時刻，才有餘裕從容應對。而最後一章提供的九型心法，讓父母可以有意識的練功，每天六分鐘進入自己的心靈綠洲，在寧靜和正念中得到滋養，發掘自己充滿力量的各種能力，「六分鐘、護一生」的靜心時間，是行走江湖的必勝心法。

書中極珍貴的部分，是夫妻之間彼此理解和聆聽的愛情：「夫妻之間也要聽見彼此的愛」。

爸爸、媽媽常常困在孩子教養的議題上掙扎，忘記「夫妻同心、其利斷金」是親子教養的核心精神。將眼光從與孩子的相處中，挪移到與伴侶間的愛情，這是親子之愛的源頭，九型智慧讓我們更了解伴侶，也要記得花時間表達傾聽了解、分享成長、讓伴侶之間愛的聲音愈來愈大聲，孩子們在家庭中也更深地感受到安全感和連結，可以放心的成為自己。思宏老師慧心放置在篇章中的夫妻伴侶間的愛情，是本書中柳岸花明的桃花源。

孩子是上天的禮物，培育父母成為武林高手

人格九型的理論幫助我接納自己的缺點，也發揮自己的優勢；九型的智慧更讓我靠近每一個獨特的孩子，以他能接受的方法來表達對他的愛。本書更以親子加分學的操練，讓此生親子緣分成為一個練功成長的契機。

孩子是上天的禮物，幫助父母再度過一次童年。而每一次親子相處的困境，都是爸爸、媽媽第二次成長的契機。本書提供了睿智的分析、精闢的行動和浪漫的心靈修練，讓每一個願意和孩子一起成長的父母，一起又鬧、又笑、彼此折磨又砥礪成長，走一段浪漫的朝聖之路。

沒有完美的父母，我們都在子女成長之路蹣跚前行，這本武功祕笈不應私藏，宜分享流傳，畢竟親子過招的武林大會上，來過、吼過、哭過、笑過；都是以愛為站樁功夫的擂台，父母可以軟弱、可以練習、可以失敗，凡走過「天堂路」的家長，都是武林高手，修練各種真功夫，以至善、真愛、勇者之心，笑傲江湖。

孩子各有各的性格，父母，也各有各的方圓，這是為什麼市面上的教養書，讀都讀得懂，用起來處處都可能有挑戰。

思宏是我認識的朋友裡，數一數二高度投入育兒的父親。同時是一個九型人格專家、雙寶爸爸的他，用他熟悉的九型人格，幫助我們更貼切地認識孩子，同時，還認識自己。透過他所分享的親子互動小故事、淺顯易懂的文字、結構清晰的知識架構，真的是少數我讀起來，知識和操作性兼具，而且好溫暖、充滿了愛的一本實用好書。

它會讓你忍不住想要往下讀，想要認真弄清楚那我的孩子呢？那我呢？那「我們」呢？引發你心中那份想要認識孩子和自己更多的渴望，我想就是思宏的魔力，也是這本書的魔力吧！

——High 媽。心理師（諮商心理師）

認識孩子是所有父母一輩子的功課，但就像作者在自序中強調的，你不需要急著搞清楚孩子的人格型號，而是記得先用 PLUS 原則，安頓好自己的心，進而看見每個孩子的獨特，這本書就像給父母的導航系統，隨著每次地圖的更新，讓你又更貼近孩子內心的風景。

——李佳達（世界觀學院創辦人）

我們常聽到「孩子，是父母的鏡子」，在親子溝通之間也反映了父母真實的自己。這本書提供了實用的方法步驟，讓父母可以察覺自己的心，調整與孩子溝通的方式，又能照顧到自己。相信這本書會幫助許多家庭成長，也創造更多美好的回憶。

——林稚蓉（企業簡報訓練師）

在孩子出生後，我成為了父親，也從那一刻起，我開始學習如何當父親。有時會覺得孩子像天使乖巧懂事，有時也會覺得孩子像惡魔不可理喻，有些情緒話語說出口的當下就後悔了，不僅傷了孩子，也讓家庭氛圍緊張，自己又自責很久。那有什麼方式可以協助我呢？我覺得可以嘗試看看 PLUS 加分對話法！

《PLUS 親子加分學：用九型人格理解孩子的心》是九型人格專家陳思宏老師的最新力作，思宏老師用心良苦，耗費海量時間彙整多個情境，系統化帶出孩子的表徵與內在需求，身為家長的我，真覺得與此書相見恨晚啊！透過運用書中實用易操作的步驟方法，讓我得以更迅速且更有方法與孩子建立優質溝通，誠摯推薦《PLUS 親子加分學：用九型人格理解孩子的心》。

——趙胤丞（《拆解心智圖的技術》、《拆解考試的技術》、《拆解問題的技術》作者；企管講師／顧問／作家；振邦顧問有限公司創辦人）

從與孩子的溝通中，看見自己

吼哥 陳思宏

「不要再說話了，請你趕快吃早餐！」

16個小時前，還在大陸與一群家長們上課，分享如何看見自己的人格特質和慣性反應，如何在親子互動中自我覺察。回到現實生活後，因為看著快要上課遲到的時間，已經忍不住催促孩子，而且口氣越來越差。

是的，我會大聲跟孩子說話，甚至大聲吼他們的名字。這件事情曾經困擾我一陣子，身為九型人格、溝通、正向教養的老師，不是應該要清楚判斷孩子的人格特質，用溫和且堅定的語氣和孩子溝通嗎？

成為父親之後才深刻地體會，雖然知道孩子的人格特質，可能會理解孩子某些「奇怪」的行為，例如五歲孩子練習鋼琴時，因彈錯打自己的手；一群好友來家裡吃飯時，六歲孩子獨自跑到陽台看月光……。但比這更重要的是，要能清楚洞察自己的想法、感受和行為。當我的情緒被孩子某個眼神、言語、行為挑動時，如何意識到自己的狀態，選擇適當的回應方式。

因為即使知道孩子的人格特質，還是可能被他們的言語和行為戳傷，若是我意識到自己不舒服的感受時，能停頓問問自己，「現在想要什麼？」從這裡開始，我才有能力選擇回應他們的方式。

看見孩子的100分

工作中，我們會努力展現自己最好的一面，讓主管看到自己的100分；夫妻相處時，也許會放鬆一點，展現85分的自己，所以對方有時會看到自己較不完美的一面；那麼在親子相處時，我們呈獻給孩子的，是幾分的狀態？我們又期待看見孩子幾分的樣子？

影集 *Humans* 描述人工智慧機器人已被大量使用在生活中，包括建築工人、清潔人員、司機、企業主管、保母等，都可以被機器人取代。其中有一幕是，六歲的孩子睡覺前，選擇機器人保母陪他，而不是自己的母親，因為機器人保母不會發脾氣、不會忙著回 Email，而是能夠全心的傾聽和理解，並且全然接受孩子的情緒。

看到這一幕時，我在想，我不會想要一個品學兼優、自主學習、沒有脾氣的機器人孩子，而是要一個有情緒起伏、獨特性格、每天讓我充滿驚喜的孩子。因此，要提醒自己，記得接納孩子的獨特性，記得多一點耐心，多一點傾聽，多一點理解。

這本書雖然名為加分學，但其實想跟大家一起學習的，是要記得看見孩子那原屬於自己的100分。當看見孩子的美好之處，我們不會忙著給孩子加分，而是給予空間，讓孩子為自己加分；我們會成為幫助孩子向上飛翔的引擎，讓孩子成為自己的機長，選擇要飛向何處。

讓九型人格成為彼此加分的跳板

聽到九型人格，有些父母可能會感到困惑，到底要不要判斷孩子的「人格型號」？如果我搞不清楚他的「型號」怎麼辦？如果我自己都搞不清楚自己的型號怎麼辦？

先說結論：即使搞不清楚人格型號也沒問題，先記得用PLUS。

九型人格是一個幫助我們認識自己和對方的媒介，就像是Google地圖中的街景照片，透過街景照片，可以快速地看到當地的景象。然而，當地實景是否與照片景象完全相同，唯有實際走到現場才能知道。沒有九型人格也能認識孩子，就如同沒有Google地圖也能順利走到目的地；但妥善運用九型人格，可以協助父母在親子互動上更容易理解孩子的狀態。

透過這本書，我們期待與家長們一起聽聽孩子說自己，理解他們真實的想法和動機，也能擁有空間等待孩子成長與學習。同時，也期待父母能看見自己對孩子的喜好、擔心或期盼，以及記得心停頓和照顧自己的需要。

別讓九型人格成為認識孩子的隔板，而是讓它成為彼此加分的跳板，期待透過這本書，與大家一起學習，讓親子溝通持續加分。

目錄

關於作者——吼哥、吼妹 002
推薦序——親子練功心法，縱橫笑傲江湖 004
作者序——從與孩子的溝通中，看見自己 010

CHAPTER 01
與孩子溝通好難

神奇的 PLUS 加分對話法 021
九型人格與 PLUS 加分對話法 025
我的孩子有哪些特質 027
透過九型人格認識孩子 030
- 一型（完美型）——他追求完美的吹毛求疵 032
- 二型（助人型）——他充滿熱情的多管閒事 033
- 三型（成就型）——他很有上進心的與人競爭 034
- 四型（藝術型）——他變化莫測的滿腹情感 035

■ 五型（研究型）——他很專注的與世隔離 036
■ 六型（機警型）——他很誠懇的杞人憂天 037
■ 七型（樂觀型）——他很認真的粗心大意 038
■ 八型（領導型）——他滿懷抱負的自以為是 039
■ 九型（和諧型）——他輕鬆自在的原地踏步 040
讓每次溝通都加分 041

CHAPTER 02

P 溝通前，讓自己停頓一下

親子溝通的「停頓（Pause）」 047
「停頓」的三種層次 050
幫助自己做到有意識的心停頓 056
心停頓對不同人格特質孩子的幫助 059
心停頓對不同人格特質父母的挑戰 066

CHAPTER 03

L 聽見彼此的聲音

親子溝通的「傾聽（Listening）」 083
傾聽這點「小事」？ 085
聽見不同人格的弦內之音 089
夫妻之間也要聽見彼此的愛 110

CHAPTER 04

U 搞懂孩子的內心世界

溝通的七種可能 120
深層理解人格的成長與循環 140
理解人格原動力，啟動親子加分旅程 142

CHAPTER 05

S 分享與服務

親子之間的「分享（Sharing）」——共享生命歷程 161
分享不同人格的生命挑戰 163
親子之間的「服務（Serving）」——服務自己，愛自己 171
每天給自己六分鐘「靜心時間」 173

結語——不斷練習心停頓，持續創造親子加分對話 186
謝詞——獻給讓這本書順利完成的你們 187
後記——吼哥、吼妹連連看解答及說明 188
圖卡說明——親子互動遊戲卡使用方式 190

CHAPTER

01

與孩子溝通好難

- 神奇的 PLUS 加分對話法
- 九型人格與 PLUS 加分對話法
- 我的孩子有哪些特質
- 透過九型人格認識孩子
- 讓每次溝通都加分

看到時鐘的短針指到9，爸爸腦中自然跳出這個訊息：「小朋友該睡覺了。」因此反射性的站起身來，轉向還在客廳看書的孩子說：「請去刷牙。」

「我不要刷牙。」小博頭也沒抬，繼續看書。

「要刷牙喔！要不然蛀牙蟲會跑到牙齒裡面。」爸爸蹲下身，和顏悅色地說。

「我不要。」

「那我幫你刷。」

「不要。」

爸爸靈機一動，想到有個大絕招，「今天有新買的汪汪隊牙膏喔！」

「不要。」小博想了五秒鐘，還是給出一樣的答案。

「要不然今天不要刷牙好了。」

「不要。」

這是我跟三歲兒子的睡前對話，為了兩分鐘的刷牙，我們卻僵持了十五分鐘。就在我已經無招可出，準備發飆時，他突然說：「我要自己刷牙。」

這句話讓我Hold住已經冒起來的火，盡全力地展現和善說，「好喔！」就這樣戲劇性地結束這令人崩潰的日常生活戲碼。

請去刷牙。
我不要。

我要自己刷牙。

親子之間的對話常常像是無限迴圈的循環，從早上起床穿衣服、吃早餐、刷牙洗臉、收拾書包，下課後寫功課、安排課後活動、洗澡用餐、進房睡覺……等。每天重複同樣的內容，就像不斷重複播放著同一段影片般。

當面對緊湊的時間壓力，例如趕著送孩子上學、趕去下個客戶會議、下班後面對賣場中的排隊人潮、擔心孩子錯過就寢時間、迎面而來的美國緊急電話會議……，許多父母的腦中通常只有一個想法，就是用最快的方式「解決」眼前的混亂狀態，然後往往會演變成令雙方都感到崩潰的場面。最後以民主教育自許的父母，就只能換黨派，改以威權「鎮壓」形式收場。

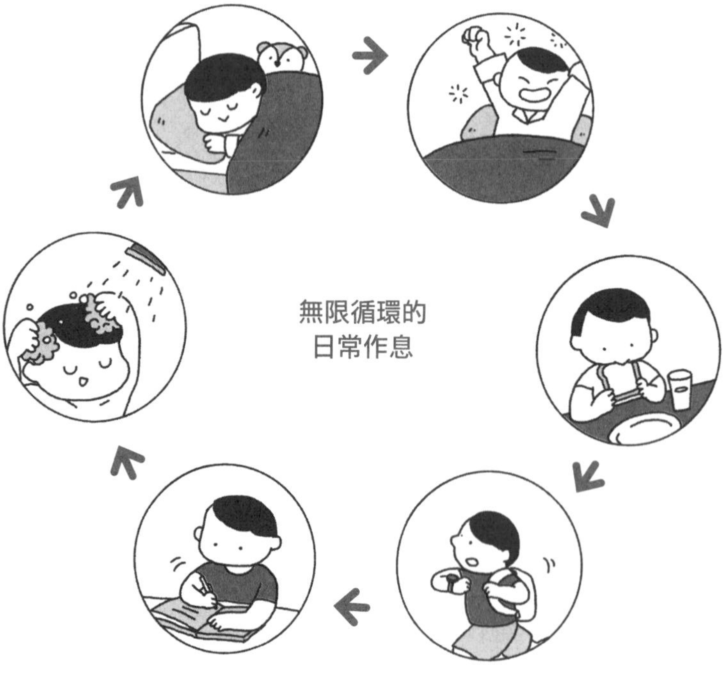

神奇的 PLUS 加分對話法

然而，親子溝通中總是包含著對彼此的愛與期待，相信當我們選擇採用鎮壓方式結束與孩子的拉鋸戰之後，大多數的父母親都會在心中做些反思，甚至出現自我譴責的念頭，想著該如何減少發脾氣、如何付出多一點耐心、如何幫助孩子更好、如何提升與孩子之間的互動。

在此要分享一個好用的對話法則，稱作 PLUS。PLUS 分別代表四組英文單字：Pause（停頓）、Listening（傾聽）、Understanding（理解）、Sharing and Serving（分享與服務）。

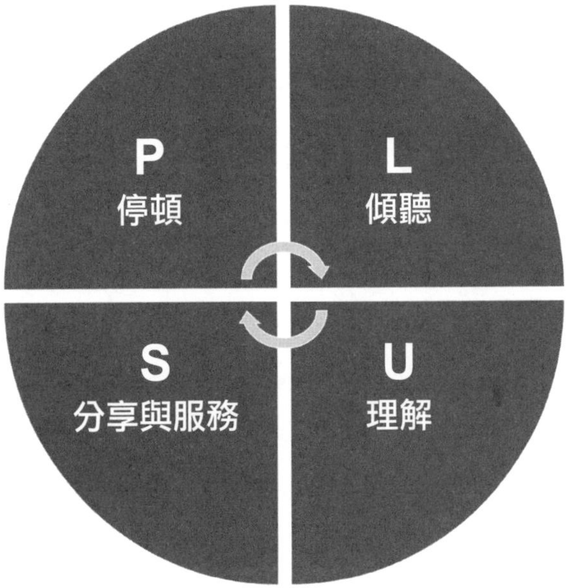

P 停頓

停頓（Pause）是開始良好溝通的第一個步驟。停頓下來，可能是兩分鐘，也可以是兩個小時，時間長短取決於每次的情境狀態。但請記得，不要只停留在停頓狀態。**停頓時，可以整理腦中思緒、舒緩內心情緒反應，讓自己做好準備，當個好的傾聽者。**

L 傾聽

傾聽（Listening）就是要全心全意聽對方說話。傾聽，不只是聽到孩子所傳達的表面訊息和外在行為，例如聽見對方很生氣、在罵人，還要試著傾聽表面訊息背後所隱藏的情緒感受和內心需要。

U 理解

理解（Understanding）不是認同，而是聽到孩子真正想表達的訊息。深層的理解是明白孩子行為背後的恐懼，以及內心強烈的渴望。當我們能真實理解孩子時，就有更大的空間，保持開放的心與他們互動。

S 分享與服務

「溝通」指的是兩個人站在彼此身旁，相互傾聽與理解。因此第四個步驟是要記得以分享（Sharing）的心態溝通，陪伴孩子的成長旅程；另一方面，父母也要記得為自己服務（Serving），自我陪伴、自我照顧，唯有自己擁有力量，才能做到真正的傾聽和理解，讓彼此的關係持續增溫前進。

P 停頓

Pause

L 傾聽

Listening

S 分享與服務

Sharing and Serving

U 理解

Understanding

九型人格與 PLUS 加分對話法

看似簡單的 PLUS 四個步驟，也許很多父母都早已開始實踐，但在實踐過程中很可能會出現這些疑問：

「這個時候到底該停頓，還是該催促他快點？」
「我已經很認真聽他說，但事情為何毫無改善？」
「孩子不說，我如何能夠理解他？」
「我已經用盡心力陪伴孩子了，到底還能做些什麼？」

人，是奇妙且有趣的動物。我家的兩個男孩，一個會按部就班、小心謹慎，一個則是不按牌理出牌；一個從兩歲半就會收拾自己的床鋪，一個到四歲仍然總是讓東西處處留情；一個出門前，會把自己想要的東西準備好，放進袋子帶出門；一個是時常忘記要帶自己喜歡的東西，而且也不以為意；一個對於聲音影像有很多顧慮，一個則是極度喜歡接觸各種聲音影像的刺激。說個日常生活中的小事：

某次全家到九份玩耍，經過著名的洞天閣穿屋巷，也就是夾在許多房屋中間的窄巷。這條窄巷是個狹長的樓梯，不但又陡又長，而且還黑漆漆的一片，必須用手電筒才能看見前方階梯。

「我不要走，好可怕！」哥哥看到前方一片漆黑，立刻大叫。

「我覺得很好玩。」愛玩的老爸當然不理會他，繼續往前走。

這時哥哥已經停下腳步，拉著媽媽的手，說什麼也不肯往前。倒是弟弟牽著我的手，毫不猶疑的往前走。就在我們兩個人走進第一段階梯時，聽到後面的聲音：

「那個樓梯好恐怖，爸爸和弟弟先走。」

當我們快走到樓梯底下時，聽到上面傳來的聲音：「爸爸和弟弟走完了，我也要走。」後來哥哥不但走完那段陡峭漆黑的階梯，還自己要求再走一次。

面對兩個孩子的差異，我時常提醒自己要後退一步，思考何時可以多推一把，何時需要多等待一下。例如在九份走穿屋巷時，因為理解哥哥對於新事物的擔憂和害怕，如果持續催促他前進，他的抗拒只會越來越大。

當我們把孩子的「人格特質」放入「PLUS 溝通法則」中，就會發現前面提到的許多疑問都能迎刃而解！只要觀察孩子的特質，看見他們的猶豫和細膩、聽見他們的擔憂與害怕，便能理解他們所需要的空間。這也是我在學習九型人格近二十年來，發現到可以將人格特質運用在親子溝通上最好的方式。接下來，就讓我們來觀察孩子有哪些獨特的人格特質。

我的孩子有哪些特質

每天與孩子相處的父母們，即使不知道九型人格，也一定對孩子有很多認識，例如我會形容大兒子溫暖體貼、小心謹慎、悶騷、樂於助人、喜歡看書、能敏銳察覺他人需要、觀察力強、記憶力強。

因此在進入九種人格描述之前，邀請各位父母先回想一下，你觀察到孩子常常出現哪些特質，並寫在下一頁的空白處。

你觀察到孩子常出現哪些特質？

我常看到孩子展現出這些特質：

參考項目：

安靜	細心	自律	積極	專心	大方	有效率	害羞	悲觀	分心	無主見
好動	溫暖	理性	幽默	謹慎	機靈	有毅力	保守	被動	粗心	情緒化
穩定	貼心	客觀	堅強	熱心	隨和	有耐心	隨意	衝動	自大	不專心
文靜	熱情	有創意	勇敢	包容	有自信	有品味	心思細膩	固執	拖延	猶豫不決
活潑	搞笑	樂觀	主動	獨特	愛學習	有領導力	好勝心強	孤僻	沒自信	不敢嘗試

透過九型人格認識孩子

九型人格將人的特質分為九大類，若以九型人格的基礎，我們這樣描述孩子的個人特質：

一型，完美型的孩子，喜歡進步，追求精進改善，展現對標準的堅持。
二型，助人型的孩子，溫暖體貼，善解人意，經常能夠主動幫助家人。
三型，成就型的孩子，精力充沛，主動並且有效率地完成任務與目標。
四型，藝術型的孩子，心思敏銳，想像力豐富，有與眾不同的獨特性。
五型，研究型的孩子，理性客觀，善於剖析，展現對事情的獨到見解。
六型，機警型的孩子，警覺性強，觀察力敏銳，能夠經常防患於未然。
七型，樂觀型的孩子，興趣廣泛，能夠一心多用，也很樂於創新改變。
八型，領導型的孩子，勇敢果決，喜歡克服困難，展現對挑戰的勇氣。
九型，和諧型的孩子，溫和親切，善於聆聽和協調，有耐心與包容力。

當我們看到孩子展現這些優點時，會感到非常驕傲，由衷地稱讚孩子，真的好棒！然而，孩子不僅擁有優點，偶爾也會不可避免地展現出以下這些樣貌：

一型，完美型的孩子，過於吹毛求疵，經常苛責自己，也批評他人。

二型，助人型的孩子，經常關注朋友的大小事，卻忽略自己的需要。

三型，成就型的孩子，心中只有自己的目標，因此得罪人卻不自知。

四型，藝術型的孩子，陷入個人情緒，無法脫離對自己的負面感受。

五型，研究型的孩子，花過多時間鑽研知識，陷在分析，沒有行動。

六型，機警型的孩子，缺乏安全感而驚恐不安，感覺身邊危機四伏。

七型，樂觀型的孩子，跳躍式思考，分心各種事情，難做出好成果。

八型，挑戰型的孩子，自我中心，難接納他人意見，說話直接傷人。

九型，和諧型的孩子：會因為逃避衝突，退縮讓步而經常委屈自己。

是的，每一種人格都有其「可愛之處」和「可惡之處」。我們不難發現，孩子們具備某些可愛的優勢特質，同時也擁有一些不太討喜的負面特質，綜合起來，我們可能會看到孩子展現出以下這些令人又愛又困擾的獨特天賦：

一型（完美型）——他追求完美的吹毛求疵

阿正是個情緒與行為都很穩定的孩子，從小就知道什麼時候該做什麼事情，而且幾乎都能做得很好，例如，在家裡會把自己用完的東西收拾乾淨；如果有約定好看電視時間，只要時間到，一定會主動把電視關掉；在學校也是品學兼優的好學生，因此時常受到長輩和學校老師的喜歡。

然而，父母有時會受不了阿正對於規範的堅持，例如在捷運站，他常常提醒父母必須站在等車的框線內；過馬路絕對要走在斑馬線上；練習寫字時，只要超出框框，一定要擦掉重寫；在學校時常扮演糾察隊的角色，告訴老師有哪些同學不守規矩。

母親有時在晚上睡前，會輕聲地告訴阿正可以放鬆點，但阿正反而會因此感到不悅，覺得母親沒有堅守個人原則。

二型（助人型）——他充滿熱情的多管閒事

小玫是個溫暖體貼的孩子，在家裡時常主動幫忙做家事，陪爺爺奶奶聊天或出門買菜。當父母親的朋友來訪時，她也會主動照顧較小的孩子，說故事給他們聽。在父母眼中，小玫就像個小天使一般，不但乖巧懂事，又會關心身邊家人的需要。

小學四年級時，父母發現小玫臉上的笑容變少了，原來小玫在學校不但是老師的得力小幫手，也是好朋友的哆啦Ａ夢——只要朋友提出需求，她都會盡力滿足，甚至連對方沒有開口提出的需要，她也會主動提供協助，就像是她在家中協助父母一般。然而，這卻大大消耗了小玫讀書和休息的時間。

當父母提醒她要適時拒絕他人時，小玫反而會感到不開心，覺得父母不能理解她，也認為拒絕他人是自私的行為。

三型（成就型）——他很有上進心的與人競爭

在許多同學家長眼中，阿威簡直就是個接近完美的理想孩子，出門在外懂事聽話、對學習充滿熱忱、不斷挑戰自己。他三歲時開始上兒童足球課，只要沒下雨，可以一週五天都去踢球。不到四歲，阿威就進階到中級班上課，五歲時已經可以跟國小的大哥哥一起踢球。除了足球之外，對於許多運動競賽項目，像是游泳、籃球，他的學習進度都遠超過同齡的孩子。

父母親對阿威的積極上進感到開心和欣慰，但慢慢也發現他不太能接受「輸」這件事。阿威可以為了獲得勝利而不斷練習，但只要輸了，就會陷入強烈的負面情緒中。父母希望阿威保持追求成功的心態，又擔心他給自己過度的壓力。

四型（藝術型）——他變化莫測的滿腹情感

小可是個古靈精怪的孩子，心情好的時候，兩顆水汪汪的眼珠會轉來轉去，露出深不可測的表情，做出各種搞笑的動作；心情不好時，無論旁人如何安撫，他都能傷心地哭上十分鐘，對於家人關心的詢問，他也一言不發，最後只是淚眼汪汪的看著爸媽說，「我好難過，我好可憐喔！」

然而，小可的情緒變化通常不為外人所知。出門在外的時候，小可通常是笑臉迎人，或者表現出酷酷的樣子，所以朋友家長時常給予小可很多誇讚，認為他活潑開朗、情緒平穩。父母很認同小可的情緒表達，畢竟現在許多孩子都有情緒壓抑的狀況，但面對小可在家中陰晴不定的情緒變化，實在不知該如何是好。

五型（研究型）——他很專注的與世隔離

從三歲開始，阿智就會拉著父母親唸故事書給他聽。有時早上起床，看到父母還在睡覺，阿智便自己拿出幾本喜歡的書，安安靜靜地讀上半個小時。父母對於阿智的專注力和學習力都感到自豪，在朋友群中，時常有人露出羨慕的眼神，問他們是怎麼教孩子的。

然而，父母慢慢發現，阿智對於跟朋友們相處總感到興致缺缺。他可以一個人看書、畫畫、聽音樂，專注投入的耗上一兩個小時，但每次跟朋友出去玩時，總是很快地詢問爸媽，「好無聊，可以走了嗎？」後來他慢慢養成習慣，每次出去玩時，都會隨身攜帶一本書，獨自坐在一旁閱讀。父母曾經懷疑他有亞斯伯格傾向，但經過醫院檢查得知並非如此。雖然診斷結果讓父母鬆了一口氣，但同時他們對阿智的行為仍感到不知所措。

六型（機警型）——他很誠懇的杞人憂天

安安從小就很令父母親放心，因為她會專心聆聽大人提醒的規則，並且盡可能地做到，例如早上起床要先喝水、進入廚房要小心火和會燙的東西、過馬路時要牽大人的手、坐車時頭和手不能伸出窗外……。有時可能只是一句無意的提醒，她也會聽進心裡並牢牢記住，而且過一陣子還會反過來提醒大人要注意。

某次下課後，安安情緒變得很焦躁，反覆說著明天不想去學校。後來才知道隔天學校要進行地震演習，這讓她感到非常害怕，一直詢問父母，「會不會真的發生地震？」無論父母用盡各種方式解釋和安慰她，安安仍然感到焦慮不安。這時父母才注意到，安安的小心謹慎，同時伴隨著對於未來的各種擔憂。

七型（樂觀型）——他很認真的粗心大意

阿峰是個活力十足、笑口常開的孩子。不開心的情緒在他身上很少超過十分鐘，只要有他喜歡的食物、玩具，或者好玩有趣的事情，阿峰很快就會忘記原本的不愉快。無論學習任何事物，他的反應時常都是「哇！這也太酷了！」令他感興趣的東西，往往很快就會轉變，但父母也不以為意，覺得這是小朋友常見的學習歷程。

直到阿峰進入小學，父母開始注意到他常出現一些特別的狀況。寫數學題目時，花五分鐘來回看題目六次，卻沒看到 3 ＋ 1 ＝ 10 的錯誤；拿著五十分的考卷回來，仍然很開心的說，「我有五題是正確的。」雖然父母很喜歡阿峰樂觀的心態，但又擔心這樣的態度會影響他未來的學習和發展。

八型（領導型）——他滿懷抱負的自以為是

阿銳從小就展現出許多領導者的特質，例如在家中玩遊戲，會給所有人指令，要弟弟當他的小老師，其他人則是坐下來當他的學生；在學校小組討論時，時常是主導團體的關鍵人物。四歲時，他開始學芭蕾舞，由於前期的拉筋練習會讓身體非常疼痛，父母親也不忍強迫他上課。但他卻展現強大的意志力，不但堅持學習，還要求提前到教室練習。

父母喜歡阿銳勇於表達意見的勇氣，然而他們有時會擔心阿銳說話過於直接，以及高估自己的力量，因為他會幫同學打抱不平而挑戰權威，即使對方是比他年紀大的同學或是老師。

九型（和諧型）——他輕鬆自在的原地踏步

小文是個情緒平和的孩子，跟朋友相處時，她不會跟別人搶東西，也不會強硬要求對方配合玩遊戲，因此同學們都喜歡找她一起玩。學校老師對她的評語，通常都是情緒平穩、性格溫和、人際互動佳。然而，如此溫和的個性，卻讓父母擔心她是否會被同學欺負，或者遇到委屈時不敢說出來。

更令父母困擾的是，每當問小文想學什麼、對哪些事物有興趣時，她總是說，「好啊」、「都可以」。雖然會順從去上課，但很難看出她對哪一門課程有熱情，無論是對鋼琴、畫畫、跳舞、象棋、跆拳道，她都是保持一致的態度。每當學會一樣新技能，她可以得意很長一段時間，對於新的學習反而興致不高，即使看到同期的同學進階到下一個班，她仍然只想用自己的步調前進。

讓每次溝通都加分

看完前面對於九種人格的描述後，若你覺得孩子有時候比較像這個型，有時候又更像另一種型號的樣子，請放心，這是正常的。任何人都不會只有單一的人格型態。相反的，每個人都同時具有九種人格特質，只是我們有所謂的「偏好傾向」，也就是比較偏向的人格樣貌，然而有些孩子的偏好傾向比較明顯，有些則較不明顯，只要持續與孩子溝通，孩子的人格特質會自然顯現。

兒子五歲時問我，「我屬於哪一種人格特質？」我只是拿出許多人格形容詞的卡片，並一一唸給他聽，問他覺得哪些敘述比較像自己。他接著說，「我有擔心的和開心的，而且我很希望自己每天是愉快、開心的。」[1]這就是一次與孩子傾聽和理解的過程，讓我知道他的擔心，以及期待自己能保持愉快的心情，所以他的行為也許有時會像七型（樂觀型），有時則會展現出六型（機警型）的樣貌，提醒身旁的人要事事小心。

建議父母先試著選出兩到三種較常見到孩子展現出來的人格型態，若真的難以挑選，也鼓

1　可參考書中的「親子真心話大肯定」活動（請見本書第169頁）。

勵大家保持開放的心情，閱讀後面的篇章。同時，也給大家一個 DO 和一個 DON'T 的提醒：

DO 多做：多讓孩子描述他自己心中的樣子。

DON'T 別做：別與孩子爭辯說，你不是這個樣子，你應該是⋯⋯。

PLUS 意味著加分，也就是每次多認識孩子一點、多認識自己一點、多讓心停頓一點、多傾聽一點、多理解一點、多分享與服務一點。如果發現自己卡在某個步驟，例如難以停頓，請自在停留在這個狀態中，不要讓短暫的卡關，成為阻礙往前多一點的動力。

接下來的四個章節，會深入談到 P．L．U．S 四個步驟的溝通技巧，並分別介紹如何在這四個步驟中運用九型人格：

停頓，**Pause**—看見不同人格對於停頓的需要與挑戰。

傾聽，**Listening**—更深層地聽見不同人格的想法。

理解，**Understanding**—理解不同人格的內心渴望。

分享與服務，**Sharing and Serving**—父母也要照顧自己的內在需要，讓自己有力量與孩子一同經歷成長歷程。

CHAPTER

02

Pause
溝通前，讓自己停頓一下

- 親子溝通的「停頓（Pause）」
- 「停頓」的三種層次
- 幫助自己做到有意識的心停頓
- 心停頓對不同人格特質孩子的幫助
- 心停頓對不同人格特質父母的挑戰

清晨溫暖的陽光透過客廳的落地窗灑進家裡，泛著鵝黃色光芒的柚木地板，洋溢著早晨活力充沛的能量。孩子帶著微笑，自己爬上了餐椅，喊著要吃蘋果。爸爸把蘋果切好拿到餐桌上，哥哥像小迅猛龍一樣，用著靈巧的前爪，動作迅速地拿了三片蘋果到他的盤子，同時塞了最大的一片，賣力地放進已經大大撐開著的嘴巴。

爸爸看到哥哥的動作，很快地說，「請不要全部吃完，留一些給其他人。」接著就趕緊進房間換衣服，準備出門。

幾分鐘後，聽到弟弟帶著不滿的情緒大喊，「哥哥把蘋果都吃完了！」

走到客廳，看到哥哥嘴裡塞了兩片蘋果，還把三片蘋果放進自己的牛奶裡面，雙手環繞著食物，認真地狼吞虎嚥中。

「剛剛不是說不要全部吃完嗎？現在我們都沒得吃了，怎麼辦？」爸爸的情緒像鍋爐上的熱水，溫度愈來愈高。

哥哥被爸爸生氣的聲音和表情嚇到，趕緊抬頭望向怒氣騰騰的聲源，雙眼微微地泛著淚光，嘴裡汁液飽滿的蘋果，瞬間不動了。

哥哥沒有放聲哭出來，也沒有發出任何回應的聲音，只是發楞，猶如一棵樹木般呆呆的坐在椅子上。

看著哥哥沒有反應，爸爸不但沒有停火，反而更大聲地說：「你！有聽到嗎？」哥哥還是沒有一絲反應，彷佛只是身在這裡，小小的靈魂卻已經受到驚嚇，搭著太空梭逃到不同次元的外太空了。

這時客廳的空氣凝結，室內溫度隨著彼此的靜默下降了二點一度。為了給雙方一點空間，爸爸強迫自己走進書房收拾東西。同時，腦中浮出一個聲音，「對五歲的孩子，我有其他不一樣的做法嗎？」

爸爸走出房門，努力讓自己的嘴裡蹦出感覺有溫度的人話，「我的聲音嚇到你了，是不是？」哥哥點點頭，眼淚才從臉頰上一滴滴爭先恐後地流下來。

「剛剛請你不要全部吃完，留一些蘋果給我們，現在都被你吃完了，怎麼辦？」看著他的淚水，爸爸的聲音和表情更加緩和。

這時，他突然轉頭看著櫃子上的水果籃說：「那邊還有很多蘋果，再切就好了，我可以切。」

這句話讓爸爸有點措手不及，因為原本期待他會道歉，說下次知道了。

哥哥看爸爸沒說話，又說一次：「我真的可以切蘋果，上次我有自己切。」同時露出一個找到補救方法的得意笑容，一種沒有炫耀，只有真誠和燦爛光芒的微笑。

爸爸楞了三秒鐘，腦中很快閃過，可以繼續要求他反省道歉，但原本給他的問題，的確是「要怎麼辦」，而他也真的想出解決方案。

爸爸故作鎮定地點點頭，走過去輕輕抱著他，「好，只是要準備出門了，我們現在先不切，下午回家再切。」

哥哥開心地轉頭看著弟弟，承諾下午回來時，一定要切蘋果給他吃。

親子溝通的「停頓（Pause）」

親子溝通中，適當的「停頓」，是最重要但也最容易被忽略的動作。

父母與孩子溝通時，常常不是處於自己的最佳狀態，例如面對時間壓力、下班後已疲憊不堪，或者重複已說過無數次的話題：隨手關燈、用完的東西收起來、準時刷牙睡覺、兩個孩子不要打架等。在這些情況下，父母很容易用不經思考的反射性動作來回應孩子，然而這樣的行為，通常會在威權鎮壓和息事寧人的兩種極端情況下遊走，最終的結果，往往是令雙方都不舒服的兩敗俱傷。

「停頓」，是讓父母整理自己，幫助自己回到較好狀態的過程。「停頓」讓外在環境刺激和內在回應之間，拉開了距離，產生寶貴的空間。因為停頓所創造出的心理空間，能幫助父母離開自動回應模式，建立新的選擇可能。

適度「停頓」不但不會減緩溝通速度，反而能帶來魔法般的助益，讓親子間的互動變得更好、更有品質。讓我們先想一想，停頓對父母和孩子會有哪些影響。

01 父母不停頓，對孩子有哪些負面影響？

- 孩子仍然不懂為什麼被罵
- 孩子覺得爸媽愛生氣
- 孩子學會負面情緒表達方式
- 孩子受到強烈驚嚇，晚上做惡夢

對孩子還有哪些負面影響呢？請寫下來。

02 父母不停頓，對自己有哪些負面影響？

- 衍生強烈情緒，例如生氣、悲傷、失望
- 生氣後，傷身又傷心
- 對孩子說出讓自己後悔的話

對自己還有哪些負面影響呢？請寫下來。

03 父母先停頓，對孩子有哪些正面影響？

- 提升同理孩子的能力
- 孩子能停下來思考發生的事情
- 孩子有機會表達個人想法

對孩子還有哪些正面影響呢？請寫下來。

04 父母先停頓，對自己有哪些正面影響？

- 減低崩潰爸爸 / 媽媽的戲碼出現
- 有機會聽到孩子的內心想法或感受
- 能選擇要以何種方式來回應孩子
- 有時可以用幽默的方式回應孩子
- 教導孩子一起解決問題

對自己還有哪些正面影響呢？請寫下來。

「停頓」的三種層次

停頓不只是不說話、不回應、不做其他事情，也不是單純地離開案發現場就好。停頓是要讓自己的身體和心理保留空間，產生有意識的自主選擇。

我們將停頓分成三種層次，「第一層——無意識的假停頓」、「第二層——有意識的手停頓」、「第三層——有意識的心停頓」。

第一層　無意識的假停頓

表面上父母在回應孩子，也好像有傾聽孩子的述說，但同時間行為卻完全沒有停頓下來，繼續手邊事務。此時父母腦中可能受到各種思緒干擾，很難專心理解孩子想傳達的真實想法。

對這樣的假停頓熟悉嗎？當我在準備晚餐，孩子很開心的跑來講當天學校發生的事情，我必須繼續煮菜，同時與孩子對話。早上五點半，我提前起床工作，兒子卻在六點整準時出現在房間門口，接著進房坐在我的書桌旁一直跟我說話。在餐廳吃飯時，兩個孩子打打鬧鬧，然後開始相互告狀，當時除了聽他們說話之外，還需要提醒他們專心吃飯、不要過於大聲吵到其他客人、避免打破餐具。

身為父母，我們常常像是八爪章魚，必須同時顧及各種狀況，很容易將那短短零點一秒的暫停不語，當作是停頓。事實上，我們的外在行為和內在思緒都沒有真正地停頓。

這種「無意識的假停頓」，不能為後續有品質的溝通做好準備。

第二層 有意識的手停頓

當父母注意到孩子的需求時，可能會有意識地停止手邊正在處理的事務，例如放下手機、關掉電視、暫停回信、將烹煮中的爐子關火，甚至與孩子一同坐下談話，並將雙眼注視著孩子。

雖然如此，腦中卻不斷想著尚未完成的工作，或者預想著即將發生的各種狀況。

說個生活中的小故事：

剛邁入初春的星期天早上，陽光中仍帶著輕透的冷風，小文和小武很興奮地跳上 Uber，啟程前往台北近郊的怪獸共和國參加戶外課程。

孩子和 Uber 叔叔問安後，馬上開始分享昨晚歷歷在目的夢境，本來滑著手機回簡訊的我，有意識地按了關掉螢幕的觸鍵，準備開始認真傾聽，想要來段美好的親子溝通。

看著孩子的嘴一張一合，激動地描述著夢境中的人物，還揮舞著雙手來增強劇情的精采程度，我的心卻不自覺地飄到前幾天那通電話裡，客戶提出的困難要求還沒有出現解決方案的曙光，星期一究竟要如何回覆呢？剛才關螢幕前，瞄到手機進來的三封重要 Email，等一下會有機會處理嗎？下週安排小朋友跟同學的聚會，會來幾個人？到底要準備什麼點心？

我不經意地拿起手機，看了時間，已經八點二十分了。抬起頭來，發現 Uber 還卡在新店碧潭站前的紅綠燈口，是不是會遲到？於是，按了手機側邊的螢幕鍵，想看看 Google 地圖顯示，到底還有幾分鐘才會到目的地。

小武突然彎腰，摸著自己的胃說：我不舒服。這個聲音叫回掉入 Google 地圖中的我，慌張地問，是暈車嗎？是胃痛嗎？小武帶著一抹詭異的微笑說，是哥哥的夢好噁心啦！你也這樣覺得嗎？

小文停下揮舞的雙手，轉頭望向我，用著滿懷好奇心的眼神，等待著答案。

我聽見自己的嘴裡，吐出不太有自信的幾個字，「我也覺得滿噁心的。」

我聽見胸口的心跳加快，彷彿自己功力太差的停頓，就要被孩子的透視眼拆穿似的。

小文聽完我的回答，很滿意地回到他的故事中，繼續精彩地述說著，小武也很滿意地繼續抱著肚子，演著噁心想吐的戲碼。

很慶幸我臉上的口罩遮住了自己羞愧泛紅的神情。我想著，這一幕，要寫進親子溝通的書裡；這一刻，我又分心了。

停頓的第二種層次稱為「有意識的手停頓」。這時父母確實暫緩明顯在進行的行動，而且當孩子開口說話時，也有意識地暫停手邊正在忙的事情，例如煮飯、摺衣服、打掃、打字、滑手機、看書、看電視、跟朋友說話……等。暫停當下的外在行為，表示父母有心避免外在事務的干擾，只是外在的停頓，不一定能讓波動的內心從原有思緒中如實地停頓下來。

最有趣的是，這樣的心理狀態，有時只有天知地知，連自己可能都渾然不知。表面上停頓下來，沒有做其他事情，內在卻繼續上演著自己編導的劇情。可以被觀察到的「病兆」，就是父母持續只用點頭，或「嗯」、「好」等中性語詞回應孩子。

生活中，每當孩子突然問起「你覺得呢？」這句話總會把我從精采的腦內白日夢劇場中強拉回來。有時會掉回原本的劇場中，繼續用反射性的方式來回應他們，「嗯，我也不知道。」有時想展現自己的誠意，會以有限的本能回答，「我也這樣覺得。」偶爾良心浮現時，會帶著歉意對孩子表達：「我沒聽清楚，你可以再多說一點嗎？」

「有意識的手停頓」也不是達到有效溝通的停頓，充其量算是溝通時的一種禮貌行為。外

在的停頓，可以讓孩子感覺到父母親願意聆聽，但內在的分心，卻使父母無法完整聽見和理解孩子的真誠分享。這樣的親子溝通，不但難以達到良好的相互理解，反而會產生溝通的停滯和誤解。

第三層 有意識的心停頓

「有意識的心停頓」指的是「停止手邊行動，內心保留空間」。父母停止手邊正在處理的事務，同時有意識地提醒自己，將內心的想法和情緒先暫時放在一旁。心停頓並非忽略自己的想法和感受，也不是要逃離當下狀態，而是透過停頓，減緩此刻之前事件對個人的影響，用新的狀態與孩子溝通。

「有意識的心停頓」是幫助親子有效溝通

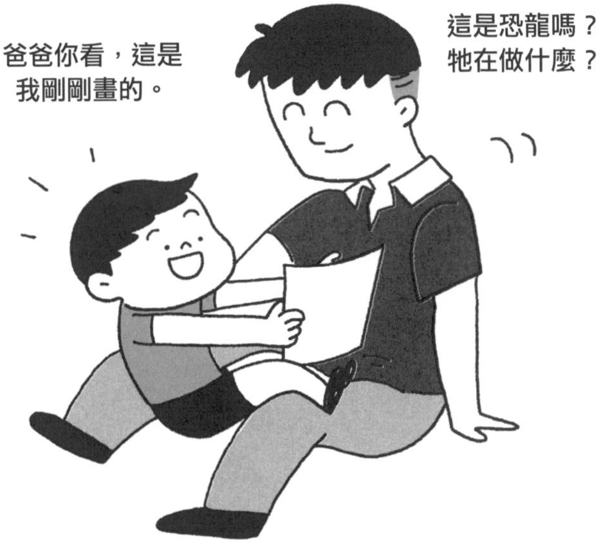
爸爸你看，這是我剛剛畫的。
這是恐龍嗎？牠在做什麼？

的停頓。只有適當的心停頓，父母才有足夠的內在空間來傾聽孩子的聲音、尊重孩子的表達，以及試著理解孩子的感受和想法。

開始練習心停頓時，可能會感到有些不習慣，因為我們的腦中思緒和內心情緒，會自然地出現和消失。因此，有時先暫時離開現場，會有一點幫助。可以用一到三分鐘的時間，深呼吸、洗臉或喝杯水，同時在過程中，提醒自己專注於呼吸時鼻子的感受、水潑到臉的溫度、水進入喉嚨的感覺，透過感受身體，幫助自己暫時停頓下來。

幫助自己做到有意識的心停頓

談到停頓，有些人會幽幽地說，「停頓很容易，我本來就不是急性子。」有人則認為，「不是我停不下來，是其他人實在太慢了！」

乍看之下，停頓是心急之人的功課，然而即使看似慢條斯理的父母，也有要練習的停頓功課，例如暫停腦中對話或完全放空。心停頓是停止當下外在與內在的動作，進而能夠主動傾聽，與孩子溝通，達到相互理解。

從九種人格類型中，可以幫助我們理解自己和孩子的溝通習慣，提升有意識心停頓的能力。在這裡會將九種類型分為三個大組，分別為「積極組」、「深思組」、「循規組」[1]，這三組的行為展現，正好可以對應停頓對他們的影響。

★積極組：第三型、第七型、第八型

「積極組」的人格特質會主動積極爭取自己要的東西，因此行動速度通常較快，會專注於做事結果和成效，也是我們平常形容所謂的心急之人。

我每天都要去上足球課

1 此分組稱為人際互動三組（The Hornevian Groups），源於精神病理學家卡倫・荷妮（Karen Horney），她提出人們面對內心衝突時的三種回應機制。

★深思組：第四型、第五型、第九型

「深思組」通常不會積極表達個人想要的東西，而是先回到個人的內在空間當中，想清楚搞明白後，再考慮要如何回應個人需要。

★循規組：第一型、第二型、第六型

「循規組」有許多個人標準或規則，會不斷詢問自己，如何才是最正確、最好、最符合對方需要的做法。面對壓力時，他們會產生許多內在爭論的對話，因此有時很積極表達，有時又會猶豫思索。

我想要踢足球，
但不想上足球課

我怕踢不好，
浪費爸爸媽媽的錢

心停頓對不同人格特質孩子的幫助

心停頓對積極組（三型、七型、八型）孩子的幫助

★積極組孩子的外顯特質：

- 會較主動表達自己想法，而且習慣直接表達，時常會展現出開朗積極的特質。然而，他們的表達方式有可能會讓父母感到被頂撞，例如對父母說：「你怎麼連這個也不會？」
- 他們在「想、說、做」三個動作之間的間隔較短，通常沒有太多猶豫不決的問題，然而有可能較缺乏耐心，令父母感覺行事較為衝動，或者跟父母說：「你很慢耶！」、「我不管了，我先去做了。」
- 面對有興趣的事物，通常會積極爭取和嘗試，讓父母親不需要替他們操心；另一方面，有時會令人感覺以自己的需求為中心，要身邊的人配合他們。

積極組的孩子會努力地往自己的目標前進，然而可能因為全心投入，期望盡快完成目標而

忽略了細節或急著解決眼前的表面問題，反而達不到期望中的成果，讓自己和旁人都感到挫折。

小風氣沖沖地把書包丟在客廳地毯上，走到正在廚房準備晚餐的媽媽面前說：「我要拿三百元零用錢。」

媽媽被這問題搞得一頭霧水，「怎麼了？」

「阿暴說我折到他的書，要我賠一本新的。」

「老師知道嗎？」

「反正我賠他一本就是了。」

媽媽看著一臉漲紅的小風，猜到他一定受委屈了。「三百元，你要洗一個月的碗才有耶。」

小風一聲不吭，不停地往嘴裡灌水。

媽媽拉著小風的手坐下來，「我們明天先跟老師談談，也許有不同的解決方式。」

「心停頓」對於積極組的孩子非常重要，因為處在類似上述例子的情緒狀態時，即使父母很有耐心地溝通，他們可能仍然難以聽進任何建議。心停頓除了能幫助他們重新思考當下的行動方式，還可以讓他們有機會檢視自己的內心感受。在積極、興奮、著急、生氣、煩躁等表面情緒背後，通常還隱藏著不同層面的感受，這正是需要父母陪伴他們一同傾聽和理解的關鍵。

賠我一本書！

我要拿 300 元，
阿暴要我賠他的書。

心停頓對深思組（四型、五型、九型）孩子的幫助

★深思組孩子的外顯特質：

- 相較於積極組，他們比較不會直接表達自己的需要，有時可能會令他人感覺較為溫順或木訥，然而內心仍然充滿各種想法和期待，因此會選擇在安全的時候，與較信任的人私下表達。

• 在採取行動前，會期待獲取較完整的訊息，或者先思考不同面向的觀點。可能會說「我還不知道」、「都可以」，甚至不回應等方式，以獲取更多的思考空間。
• 他們也許會花較多時間思考自己想要的事物，可是一旦認定後，就會非常的堅持。當遇到阻力時，相較於積極組的極力爭取，他們則是不為所動的堅定，像是一種寧靜的抗爭。有時會讓父母感到不知如何應對，也會看見他們內在的強大韌性。

對深思組孩子來說，停頓似乎不是一件難事，有時父母可能會認為，應該要快一點展開行動，真的還需要停頓嗎？然而，當深思組孩子缺少足夠的空間時，反而會用更大的力氣對抗外在壓力，或者躲回自己的內在空間當中，使得父母更難聽見他們真實的聲音。

學校裡，老師特別在教室的角落擺上獨立的桌椅，為了讓過度興奮的孩子先過去冷靜一下。某天在課程活動中，當大家都玩得很開心時，小津自己舉手跟老師說：「我要去那個位置。」老師好奇的蹲下來問小津怎麼了，她只是淡淡的說：「實在太吵了，我要去那裡冷靜一下。」

給予深思組孩子停頓時間，會幫助他們提高表達意願，以及找回走出自己內在世界的勇氣。然而，心停頓不僅僅要停下行動，更重要的是讓他們停頓內在的繁雜思緒，讓頭腦和內心騰出空間，傾聽和理解對方真實的想法。

心停頓對循規組（一型、二型、六型）孩子的幫助

★循規組孩子的外顯特質：

• 在行動前，會傾向先徵詢父母或老師的意見，例如問：「你比較喜歡哪一個？」、「我

想要A，可以嗎？」有些父母可能認為這是「很乖」的行為；有些父母則會覺得是過於小心。

- 相較於深思組的深度思考，他們更在意的是原則和規範，當沒有快速反應時，通常是在思索和確認自己的責任，並且努力承擔起自己應該做好的事情。
- 由於循規組的孩子很在意標準，因此會特別在意父母的言行標準是否一致。當看不到一致性時，會提升他們的焦慮感，也可能會減緩他們的行動速度。

在親子互動中，循規組的孩子可能外表貌似有停頓，但腦中卻常是充滿千言萬語。在他們腦中會出現許多內在對話，「我做得對不對、好不好？」、「我有沒有做到該盡的責任？」、「我這樣做別人會不會不開心？」這些內在對話會使他們陷入是非對錯的二元思維：如果我是對的，我應該要更清楚表達；如果沒做好，我應該要自我檢討。

四歲的阿為被父親責備欺負弟弟，他立刻伸手打自己的頭，並且說：「我要把自己揍到外太空。」雖然阿為說話時臉上帶著笑容，但爸爸聽到他自責的話語，於是將他摟進懷裡說：「不需要這樣。」阿為的眼眶立刻泛起淚光。

心停頓能幫助循規組的孩子減緩自我責備的聲音，當他們能暫緩腦中的思緒，身體和心理也會隨之放鬆。適當的放鬆，才能夠自在表達內心想法，以及用心聆聽對方的感受和需要。

心停頓對不同人格特質父母的挑戰

父母在實踐心停頓的過程中，可能會因為不同的人格特質，遇到不同的挑戰。這裡也針對不同人格特質，列出可能遇到的挑戰，以及解鎖心停頓的鑰匙。

積極組（三型、七型、八型）父母的心停頓挑戰

積極組的父母做事速度和思考速度通常較快，而且傾向專注於個人的目標達成，因此容易感覺「我已經停頓夠久了。」、「為什麼孩子可以那麼慢？」、「還有那麼多事情要做，我怎麼有時間停頓？」、「停頓？趕快把事情解決就好了吧！」

★三型（成就型）父母的心停頓挑戰：

三型像是運動員，每當確認個人目標時，就會全心投入於眼前目標，而且在目標達成前，會摒除所有的干擾元素。在親子溝通上，「停頓」對三型人來說可能是一種干擾，會影響他們有效地達成目標。

★七型（樂觀型）父母的心停頓挑戰：

七型喜歡一心多用，因此腦中不時有各種新想法出現。對七型來說，停頓可能是一件無趣的事，可能會妨礙他們嘗試新經驗，也可能是一個讓他們困於當下麻煩狀態的行為。

★八型（領導型）父母的心停頓挑戰：

八型人擁有超強的行動力，會挑戰自己和他人的極限，這個力量會展現在行為和言語表達上。八型人可能會認為，直接表達才是真誠且有效的互動方式，停頓反而是阻礙他們有效溝通的方式。

打開積極組（三型、七型、八型）父母的心停頓鑰匙

積極組的父母與孩子互動時，可以多注意以下幾點：

- 孩子通常難以追上你們的速度（即使人格特質也是這組的孩子，也不一定能展現相同的速度感。）因此練習適度停頓，是一項重要功課。
- 孩子需要沈澱的時間，停頓能讓孩子有機會完整表達個人需要，如此才能達到有效溝通。
- 停頓時，你可能會注意到自己在這個狀態下的情緒感受。問問自己感受如何？想要什麼？這會幫助你傾聽孩子的需求並與他們溝通。

★打開三型（成就型）父母的心停頓鑰匙：

相信暫時的心停頓，不但是為了更有效地達成原有目標，同時也有助於親子溝通，提升彼此的關係。

★打開七型（樂觀型）父母的心停頓鑰匙：

試著發想適合自己在親子溝通時，能夠心停頓的各種方法；記得停頓不但能減少不必要的衝突對話，也能讓自己找到更舒服的方式與孩子互動。

★打開八型（領導型）父母的心停頓鑰匙：

能夠在適當的時機停頓，是力量和勇氣的展現。用一個深呼吸，感受自己的內在力量，控制自己，讓心停頓成為一種勇氣的展現。

深思組（四型、五型、九型）父母的心停頓挑戰

深思組的父母，通常不會積極要求孩子順從他們，也比較願意停下手邊事物與孩子談話。

然而，相較於主動溝通，他們可能較容易回到個人空間中，問自己「為什麼孩子無法理解我？」、「必須先想清楚，如何才能達到良好的溝通對話。」、「我應該也無法明白孩子吧！」

★四型（藝術型）父母的心停頓挑戰：

四型時常探索個人感受，也願意花時間聆聽對方，與孩子做深度對話。然而，四型的豐沛情感波動，有可能會阻礙他們的內心安靜下來。

★五型（研究型）父母的心停頓挑戰：

五型在表達之前，通常會先蒐集資訊，並且仔細思考。因此在停頓時，如何暫停腦中思緒，會是五型的重要功課。

★九型（和諧型）父母的心停頓挑戰：

九型擁有高度的耐心和包容力，也願意給予對方空間整理思考，要停頓通常不是困難的事。挑戰是在停頓時，也要保持完全地投入，不讓停頓變成放空。

打開深思組（四型、五型、九型）父母的心停頓鑰匙

深思組的父母與孩子互動時，可以提醒自己以下幾點：

- 停頓與逃離有時只在一線之隔，停頓能幫助自己回到較好的狀態，逃離則是忽略問題，反而會增加親子互動中的張力。
- 停頓可以整理個人的內在思緒和情緒，同時幫助自己，保持開放的狀態與孩子對話。
- 停頓不一定是靜止不動，適當地運用身體，例如散步或運動，也能幫助自己的內心寧靜。

★打開四型（藝術型）父母的心停頓鑰匙：

透過心停頓，可以暫緩內心紛亂的情緒，使美好與真誠的自己能夠在與孩子的溝通中自然地流露出來。

★打開五型（研究型）父母的心停頓鑰匙：

心停頓，不只是用我的角度思索客觀事實，而是能停下腦中思緒，站在更高點，看見「自己」與「孩子」的彼此需要。

★打開九型（和諧型）父母的心停頓鑰匙：

心停頓可以安頓自己的內在空間，幫助自己有力量接納孩子進入我的世界，或者平和地走進孩子的世界，表達自己的立場和想法。

循規組（一型、二型、六型）父母的心停頓挑戰

循規組的父母在行動的同時，通常會持續地檢討自己是否做好、做對，以及是否有承擔起個人責任。內心的焦慮和腦中的自我批判會讓他們不斷思考：「現在該停頓嗎？」、「是不是應該對孩子嚴厲／溫柔一點？」、「我是否有盡到自己的責任？」、「我是個稱職的父親／母親嗎？」

★一型（完美型）父母的心停頓挑戰：

一型對於自己和對方的要求都很高，而且相當堅持認定的標準與規範。即使能停下手邊事物，腦中仍會有兩股像是惡魔與天使的對話聲，讓內心難以平靜下來。

★二型（助人型）父母的心停頓挑戰：

二型會體貼對方的需求或感受，也會願意為了對方而暫時停頓。然而，通常還是會忍不住擔心孩子的感受，或者浮出各種如何給予孩子協助的念頭。

★六型（機警型）父母的心停頓挑戰：

停頓對六型而言不是難事，困難的是不確定是否應該停頓、是否該堅持自己的意見、是否有更好的方式愛孩子……。這些盤旋在腦中的思緒，使得內心更為焦慮和擔憂。

打開循規組（一型、二型、六型）父母的心停頓鑰匙

循規組的父母與孩子互動時，可以提醒自己以下幾點：

- 停頓可以幫助自己回到比較好的狀態，用更健康的狀態與孩子對話。
- 停頓是表達對孩子的信任，相信他們能透過自我反思，思索父母的堅持和要求。
- 停頓是給自己一個機會，檢視內心的擔憂和腦中的想法，確認當下堅持的標準是否為唯一標準。

★打開一型（完美型）父母的心停頓鑰匙：

相信心停頓能做到更好的聆聽與溝通，接受自己仍然在學習調整的路途上，並且承諾自己持續練習。

★打開二型（助人型）父母的心停頓鑰匙：

相信心停頓是體貼孩子的過程，是幫助自己真正聽見孩子，以及回應孩子需求的重要起點。

★打開六型（機警型）父母的心停頓鑰匙：

觀察並且辨識自己在何時、何地、做些什麼事情，或是孩子談論到什麼主題時，我會緊張、焦慮和擔憂，因此很難停頓下來？

CHAPTER

03

Listening
聽見彼此的聲音

- 親子溝通的「傾聽（Listening）」
- 傾聽這點「小事」？
- 聽見不同人格的弦內之音
- 夫妻之間也要聽見彼此的愛

夏日的夕陽猶如融化的黃金，在落地窗外發散著迷人的光澤，家裡的廚房傳出錯落有致的切菜聲，過了幾分鐘，油鍋裡的肉香輕巧地飄進餐廳，兩兄弟正坐在餐桌前，努力寫著老師精心安排的英文作業，手裡的筆忙著在紙上發出沙沙聲，同時兩人也津津有味地聊著最近愛上的動漫英雄。

桌面突然晃動，看起來，桌下有幾隻不安的腿，開始上演武打戲碼，在幾聲撞擊聲之後，小武瞬間站了起來，離開座位，走到小文面前，舉拳就揮，小文使出最厲害的迅猛龍前爪，迅速抓住小武的手臂，向外旋轉，小武發出痛苦的哀嚎，緊接著發出狂怒的獅吼聲，用力揮出另外一拳開戰。

正如火如荼地和柴米油鹽奮戰著的廚娘，聽到孩子的怒吼聲，趕緊奔向餐廳，看到扭成一團的孩子，驚呼著，「放手，放手，快點放手，會受傷的。」

小孩正處在龍爭虎鬥的電競模式中，腎上腺素迅速分泌中，完全沒有聽到勸架的聲音，小文安靜專注地尋找著對方的弱點，小武咆嘯狂暴地揮舞著雙手，兩人絲毫沒有停下來的跡象。

廚娘看著眼前的動作片，腦海中閃過無數次孩子爭吵打架的記憶，在幾秒內，怒意飆漲，像獵豹一樣敏捷地衝過去拉開兩人，高八度的音量從胸口噴出，「住手！不要再打了，氣死我了，都去罰站，哥哥去客廳，弟弟去房間！」

小文放手時，眼眶含淚地說，「弟弟打我！」小武指著手臂上的血痕說，「他用指甲抓我！」

「不要講話，去罰站！」獅吼聲震耳欲聾。

兩個孩子帶著一臉委屈，落寞地走向各自罰站的角落。

燈光明亮的廚房，再度傳來鏟子和炒鍋短兵相接的鏗鏘聲，溫度愈來愈高，菜香中流露出一股突兀的燒焦味和混雜焦慮的情緒。

一場爭鬥，沒有機會被溝通。

一場委屈，沒有機會被理解。

一場混亂，沒有機會被釐清。

在安靜的晚餐後，三人決定攜手搭上時光機，回到四十九分鐘前的武打場景。

「弟弟一直用腳踢我……」小文開口。

「我問他 cat 怎麼拼，他都不理我，我問了三次……」廚娘還沒聽見完整陳述，小武就舉起手，指著小文。

「我又沒有聽見你在問。」小文的音調比之前高了些。

「亂講，你還故意把耳朵遮起來！」似乎有一種回鍋肉在加溫翻炒的油煙味，伴隨著這句話，從小武的口中冒出來。

「我遮耳朵是因為你一直在唱歌，很難聽的歌，什麼屁股屁股肥的！」小文刻意離開餐椅，站在餐桌旁，膝蓋微彎，搖晃著身體，口裡一面學弟弟唱歌，右手一面輕拍著自己的臀部。

「啊！你有問題嗎？你幹嘛每次都學我！」小武的臉瞬間漲紅了起來，感覺在他腦海中，持續加熱的回鍋肉不僅熟透了，連陪襯在旁的高麗菜、豆乾和青蔥也向上冒著令人喘不過氣的熱煙。

小武年紀較小，天生粗壯的體格，很少展現像哥哥一樣迅猛龍般的靈巧，然而隨著情緒高飆，他不由自主地啟動戰鬥模式，雙手抵住駱駝色的原木餐桌邊緣，瞬間猛力向前推，餐椅往後移，地板上傳出尖銳的刺耳摩擦聲時，小武立即從拉出的空隙中，彈跳了下來，當結實的雙腿撞擊到地板時，傳來一陣咚隆的震波，好像暴龍從電影銀幕的左方走出來，空氣隨之凝結。

侏儸紀影片中迅猛龍和暴龍的精采打鬥場面，不需要回白堊紀，也不用去電影院，因為在杯盤狼藉的餐桌前，就上演著火山爆發，暗紅色高溫熔漿奔流為背景的後現代暴力動作片。

「啊！啊！啊！真是夠了，我受不了你們兩個小孩了，為什麼又打架！」在侏儸紀世界的電影中，女主角高八度的尖厲叫聲，也總是讓大家頭皮發麻，留下難以抹滅的印象。

「為什麼話不能用講的，要動手？」

「為什麼教了這麼多少次，還是聽不懂？」

「為什麼爸爸不在，你們就要這樣欺負我？」眼眶泛著淚水，視線逐漸模糊的女主角，聲嘶力竭地陳述著上演千遍的鄉土劇台詞。

「你們兩個真的好討厭，比 Tom 還令人討厭！」這幾年早已經成為好友的前任老闆，總會在女主角感覺心情低落時，再次被拖出來鞭打怪罪一番……

親子溝通的「傾聽（Listening）」

我們可能會說，「沒有傾聽，就沒有溝通」。可是生活中，人人都覺得自己有聽，又覺得對方沒有聽。「傾聽」看似理所當然，卻又讓人感覺摸不著邊際。

親子溝通中，雙方都希望自己是溝通中的受詞，也就是成為被聽見的那個人：

小武對於英文拼音的疑問，很渴望被哥哥聽見。

小文在做功課時，想保有內在空間，不被打擾的那份專注和寧靜，也希望小武能夠體會。

廚娘對於自己很不擅長烹飪，卻被晚餐時間追趕著，同時得照顧三種在熱爐上烹煮的飯菜，內在的煩躁和不安，又有誰能聽見？

晚餐時間的片刻安靜，是很好的「停頓」，給了肥皂劇中的每一位角色，有NG鏡頭過後，獨自沉澱內省的機會。

是的，小武覺得自己有在聽，聽見哥哥責怪他踢人的無理行為；聽見哥哥模仿他唱歌時，內心想要傳達的絲絲嘲笑。

是的，小文覺得自己有在聽，聽見弟弟沒有獲得英文拼音幫助的呼呼怒意；聽見媽媽責怪自己不做好哥哥的角色。

是的，女主角也有在聽，聽見了兄弟講不聽，又大打出手時，從自己胸口不斷湧現出來的委屈和難過。

在彼此傾聽的機會中，大家似乎也聽見了彼此語言背後，想要傳達的涵義和內隱的情緒：責怪、氣憤、輕蔑、委屈和難過。

令人不解的是，傾聽之後，親子溝通看起來並沒有好轉的跡象，除了各持己見之外，也只是忙著在對方的胸口，抓出感覺比自己更疼痛的一道傷痕。

傾聽這點「小事」？

關於傾聽，可以分成兩種層次，第一種是聽見「弦外」之音，從對方的外在行為展現，聽見他「表面上」展露出來的意思。

由於當雙方在強烈互動時，通常處於較低能量的狀態，容易展現某些尖酸刻薄或不可理喻的行為。當傾聽收集到對方的敵意時，就會立即判斷採取的行動：戰鬥（Fight）、逃跑（Flight）或裝死（Freeze）[1]。這樣的回應，時常造成親子溝通的惡性循環，結果不是更討厭對方，就是自責或出現負面情緒。

第二種稱為聽見「弦內」之音，是聽見對方行為背後的聲音，更明確的說，是聽見對方「內心」的原始意圖和需求。

當我們有好品質和適切的「停頓」，才能沈澱原本佔據腦中的繁雜思緒，將內心騰出足夠空間，讓對方真正想表達的想法，如實地傳進內心，聽見對方的需求。

1 3F 行為是懷特．坎農（Walter Cannon）提出的理論，認為生物在面對生存危機時，會判斷用戰鬥（Fight）、逃跑（Flight）、裝死（Freeze）的方式回應，增加生存機會。

當傾聽者接收到對方的敵意時，會主動採取的三種行動：

小文在書桌前，正忙著應付筆尖上的難題，耳朵雖然聽到弟弟的英文問題，卻沒有讓自己的心產生該有的片刻停頓，聽見弟弟真正的需求。弟弟可能只是想透過一題英文，引發彼此的良性互動，使得上完一天的課後，除了帶著飢腸轆轆的身體和疲憊寫作業的心情，也能透過和哥哥說說話，一起合作解英文題，增添相互陪伴的的溫暖感受。

小武滿心想與哥哥產生連結，覺得哥哥是懂得這首屁股歌的唯一知音；然而，他全然活在個人的世界中，沒有停頓自己的心，看看哥哥摀住耳朵的動作，聽見哥哥可能需要片刻安靜，讓他能專注在眼前的作業上，儘速完成功課。

第一層次傾聽 聽見弦外之音，看見對方展現的行為，聽見表面上展露出來的訊息。

第二層次傾聽 聽見弦內之音，看見對方展現的行為，聽見行為背後的原始意圖和需求。

聽見不同人格的弦內之音

與孩子互動時，通常很容易能夠看見他們的外顯行為，例如哥哥愛看書，可以自己鑽進書堆一、兩個小時；弟弟雖然個子小，卻時常幫同學打抱不平。這時我們可能會猜測哥哥像五型（研究型）的特質，弟弟則像是八型（領導型）。然而，即使我們判斷都正確，這些外在行為的判斷，對於親子溝通是否真的有幫助？

事實上，停留在外顯行為的判讀，很容易只做到第一層次的傾聽，反而造成彼此的誤解，或者將傾聽到的訊息做為相互攻擊的元素，例如：你看小武就是愛搗亂，還改什麼屁股屁股歌；爸爸就是很沒耐心，說話又大聲；哥哥很膽小，從頭到尾都在說恐怖的事情嚇自己……

有效溝通需要第二層次傾聽，也就是聽見對方行為背後的原始意圖和需求，例如孩子與同學爭吵打架，可能是看到同學被欺侮，想要保護對方；孩子沉浸在書堆中不與人互動，可能是同學不想跟他玩，或者不知道該與同學說什麼。

要如何聽見孩子的弦內之音？首先，回想一下孩子有哪些特質。（參考本書第27頁）當我的內心忍不住冒出：「你到底在做什麼？」、「為什麼不可以正常一點？」、「你難道聽不懂我說的話嗎？」、「如果你可以……一點就好了。」試著先做心停頓，提醒自己暫時擱置這些習慣性的想法，打開眼睛、耳朵，傾聽他們行為背後的正向意圖。

傾聽積極組（三型、七型、八型）孩子的弦內之音

積極組的孩子傾向直接面對阻礙，努力克服挑戰，因此容易報喜不報憂，也不太會展現自己的負面情緒（除了生氣以外）。然而，雖然他們不太會委屈自己，也比較會清楚表達個人想法，但如同所有孩子一樣，仍然期待著被關心、呵護、體貼、理解。

★傾聽三型（成就型）的孩子：

- 當孩子投入大量精力達成目標時，聽見他們願意捨棄個人愛好和休閒時間的堅持。
- 當孩子遇到失敗而發脾氣時，聽見他們內心的失望與挫敗。
- 當孩子在嘲笑別人很弱、很遜時，聽見他們想要被認可或讚賞。
- 當孩子在誇讚自己的能力時，聽見他們一直在努力做最佳版本的自己。
- 當孩子不表達自己的情緒時，聽見他們期望儘快完成任務的意圖。

三型通常能快速察覺父母或老師的期待，例如英文課老師要大家都用英文表達，所以回家後會努力練習，確認自己是班上最優秀的；父親覺得我打籃球很厲害，所以每週下課後，都花十個小時練習。有時，父母會被他們的主動和積極感動，認為孩子聰明懂事，不需要操心；有時又會對他們強大的好勝心感到擔憂，擔心他們給自己過大的壓力。

給父母的傾聽提醒：

- 三型孩子有時會誤以為父母的喜好就是對自己的期待，記得關注孩子個人的喜好。
- 欣賞他們的好勝心，也記得接納他們生活中平凡的一面。
- 可以多與他們分享自己在失敗中學習的經驗。
- 當孩子願意表達自己負面情緒時，記得要給予他們支持和鼓勵。

★傾聽七型（樂觀型）的孩子：

- 當孩子自 High 地活在自己世界時，聽見他們對生活的熱忱。
- 當孩子面對失敗快速轉移注意力時，聽見他們對未來的樂觀期待。
- 當孩子心急而出錯時，聽見他們內心一絲絲的沮喪和失望。
- 當孩子不斷嘗試新事物，但結果卻不如人意時，聽見他們無限的好奇心。
- 當孩子用嬉戲胡鬧的方式取悅他人時，聽見他們期望帶給他人正向觀點。

七型像個好奇寶寶，期待著嘗試各種新事物，因為充滿著樂觀和熱情，父母可能不容易感受到他們

也太多好玩的東西了，千萬
別被難過的心情影響。
SAD

沮喪或難過，例如孩子很投入準備兒童柔術比賽，最後結果卻不如期待，晚餐後早已將比賽失利的事情拋在腦後，滿懷熱情地練習直排輪。有時，父母會難以確認孩子的喜好與認真程度，也不容易理解孩子內心的情緒感受。

給父母的傾聽提醒：

- 當孩子表達不舒服的感受時，要給予肯定，並且完全接納他們的感受。
- 七型喜歡處在開心快樂的氣氛中，有時會不自覺地扮演炒熱氣氛的人，可以讓孩子知道，有時寧靜也是美好的互動關係。
- 當孩子遇到困境轉移注意力時，運用好奇心與他們一同探索當前挑戰的不同可能。
- 與孩子一起練習心停頓，可以透過慢走、放慢呼吸速度，讓孩子慢下來，再進一步溝通。

★傾聽八型（領導型）的孩子：

- 當孩子直接表達個人不滿時，聽見他們的坦承和勇氣。
- 當孩子幫同學伸張正義時，聽見他們渴望保護他人的意圖。

- 當孩子協助他人而滿身傷痕時，聽見他們也期待有人聆聽內心的挫折。
- 當孩子不顧一切的挑戰現狀時，聽見他們展現生命力的渴望。
- 當孩子強勢地要求你必須配合時，聽見他們在探索自己的力量。

八型有著大無畏的精神，會挑戰自己與對方的限度，確認自己擁有足夠的力量，例如七歲的孩子與家人一起騎車，要奮力保持在第一個，做大家的領航者；九歲孩子被老師和家長反應在課堂上太吵，但原因是同學持續私下說話，覺得老師已經提醒過，所以主動幫老師維持秩序。父母有時會對八型孩子的能量感到不知所措，也可能因此忽略他們內心纖細的感受。

給父母的傾聽提醒：

- 當孩子憤怒地吶喊或行動時，有時內心夾雜著挫折與自責，也許只是需要一個擁抱，全然接納他們的現狀。
- 八型不太容易認輸，特別是在被指責的狀態下，記得要給予他們足夠的空間和時間完整表達想法。
- 八型的自信和強勢，有時會讓父母覺得他們天生就有如此的能力，記得肯定和欣賞他們的勇氣與力量。
- 可以與孩子站在平等的位置上，如同成人的方式互動，一同檢視孩子遇到的狀況。

父母的傾聽空間：寫下對於「用心傾聽孩子」的自我提醒

當孩子……時，我聽見……

傾聽深思組（四型、五型、九型）孩子的弦內之音

遇到阻力時，由於深思組的孩子傾向不主動爭取，容易被他人誤會是不想要、不願意、沒想法或不想理人等。然而，他們其實很清楚自己想要什麼，只是需要一些時間釐清與沉澱，同時也可能默默期待著，身邊的人事物會自然地協助他們達成內心期待。這三種人格特質的孩子都很需要個人空間，有時等待會是讓他們開口的好方式。

★傾聽四型（藝術型）的孩子：

- 當孩子展現特立獨行的行為時，聽見他們的勇氣。
- 當孩子分享自己深刻的感受時，聽見他們試著探索自己的樣貌。
- 當孩子說你不懂我時，聽見他們內心的孤獨和失落。
- 當孩子說你很懂我時，聽見他們期待與你建立連結。
- 當孩子說我不知道自己要什麼時，聽見他們內心豐富且複雜的感受。

四型對自己和生命有纖細的洞察力，一方面期待與父母分享所有的內心感受，另一方面又擔心自己過於與眾不同，無法被理解。有時腦中過多的負面訊息，像是「你怎麼又搞砸了？」、「你看他們就是覺得你很怪吧！」……這些都會阻礙他們表達，反而將聽到的各種想法，放在腦中不斷咀嚼。

給父母的傾聽提醒：

- 四型孩子腦中會不自覺冒出許多自我貶低的話語，因此在言語和肢體行為上都要更溫柔，並且給他們時間慢慢表達。
- 四型孩子有時不表達是因為找不到合適言語，擔心自己再次被誤解，盡量多鼓勵他們說出內心想法。

- 父母可以適當地告訴孩子，有時真的無法完全理解他的想法，但仍然很願意傾聽和感受他的話語。

★傾聽五型（研究型）的孩子：

- 當孩子沉浸在書中世界時，聽見他們專注的力量。
- 當孩子滔滔不絕地說著他的新發現，聽見他們渴望分享自己最珍貴的事物。
- 當孩子不屑地說著同學的無知時，聽見他們期待與人深入交流的渴望。
- 當孩子一言不發，抽離地看著事情發生時，聽見他們對於收集資訊的需要。
- 當孩子說不想與同學往來時，聽見他們對人際互動的疑惑和迷茫。

五型的孩子腦中可能會充滿許多很特別、甚至奇幻古怪的想法或問題，例如六歲的孩子會在路邊一小時，只為了研究甲蟲如何取得獵物，最後不惜將甲蟲帶回家飼養；十歲孩子抓蚊子或蟑螂並丟在花圃，研究螞蟻如何分工搬運。對許多父母而言，這些行為或想法，可能都遠超於自己的理解範圍；父母可能會對孩子腦中的世界感到不解和擔憂，有時也很難靜下心，傾聽他們的內心世界。

給父母的傾聽提醒：

- 雖然孩子難免期待父母能給予知識的指引，但他們也會明白每個人有不同領域的專長，打開耳朵，專心聆聽就會是給他們很好的禮物。
- 五型孩子對於人際互動上時常有許多擔憂或阻力，父母需要更有耐心傾聽他們的困境，陪伴他們面對人際互動的挑戰。

★傾聽九型（和諧型）的孩子：

- 當孩子說很累，需要獨自空間時，聽見他們內在的疲憊和衝突。
- 當孩子嘴上說好，卻沒有行動時，聽見他們內心的抗拒和掙扎。

- 當孩子在團體討論中主動表達個人想法時，聽見他們的勇氣，以及對他人的關懷。
- 當孩子順應同學的意見時，聽見他們努力平衡彼此的共識。
- 當孩子在衝突中不表達自己意見時，聽見他們內心的自責和擔心。

老師出那麼多作業，還解釋不清楚，也太糟糕了。

這次也許沒有解釋很清楚，但老師其實非常的盡責，也很有耐心聽同學表達。

九型的溫和有禮、情緒穩定、體貼父母需要，以及能與同學維持適當關係，會讓許多父母感覺他們像個天使一般。然而，父母要記得他們與所有孩子一樣，有自己的想法、感受和需要，只是有時會因著顧及家人朋友的感受，選擇暫時不表達；此外，九型孩子對外在的負面情緒很敏銳，例如大聲說話或攻擊性語言，這些情況都會影響他們表達真實感受的意願。

給父母的傾聽提醒：

- 九型孩子通常不喜歡抱怨或表達負面情緒，當聽到他們用「還可以」、「普通」等中性語詞時，記得多了解他們是否有其他未表達的感受。
- 當九型孩子在某些事情上拖延時，很有可能是因為對這件事有疑慮，試著傾聽和理解他們的想法。
- 父母專注和全然投入地傾聽，對九型孩子特別重要，這會幫助他們記得也要真實的臨在。

父母的傾聽空間：寫下對於「用心傾聽孩子」的自我提醒

當孩子……時，我聽見……

傾聽循規組（一型、二型、六型）孩子的弦內之音

循規組的孩子在遇到阻力時，時常會在「用力爭取」或「退讓妥協」之間掙扎，因此在行動上，可能會在前進與後退中相互交錯。由於在意規範和標準，他們會特別需要父母的支持和理解。父母的支持能幫助他們放鬆，減少矛盾對話或自我批評。

★傾聽一型（完美型）的孩子：

- 當孩子在指正你的錯誤時，聽見他們對你的信任和關心。
- 當孩子笑著說自己做錯事情時，聽見他們內心的強烈自責。
- 當孩子熬夜再次檢查自己的作業時，聽見他們內心的擔憂和期許。
- 當孩子嚴格要求大家遵守原則時，聽見他們身體的緊張或緊繃。
- 當孩子生氣事情沒有依照原本計畫進行時，聽見他們對於變動的驚訝與擔心。

一型通常會主動尋求各種事物的正確標準，例如走路要靠右邊、等紅綠燈要站在人行道上、

茶要夠熱、房間要保持清潔……等，然而任何標準都是一把雙面刃，當孩子指正他人時，也會以同樣甚至更高的標準要求自己。因此當孩子犯錯時，試著減少直接的批評，給予他們適當的時間和空間反思調整。

給父母的傾聽提醒：

- 多給予孩子真誠的肯定，這會協助他們記得自己有許多美好特質。
- 若你對孩子的行為有些建議或想法時，**與其溫柔地拐彎抹角，不如平和地直接表達。**
- **當發現孩子做錯的時候，給予他們空間自己反思和沈澱，**等待他們主動尋求支援。
- 由於孩子對於「做對」、「做好」非常在意，因此在溝通時，除了注意言詞表達，也要注意自己的身體語言。

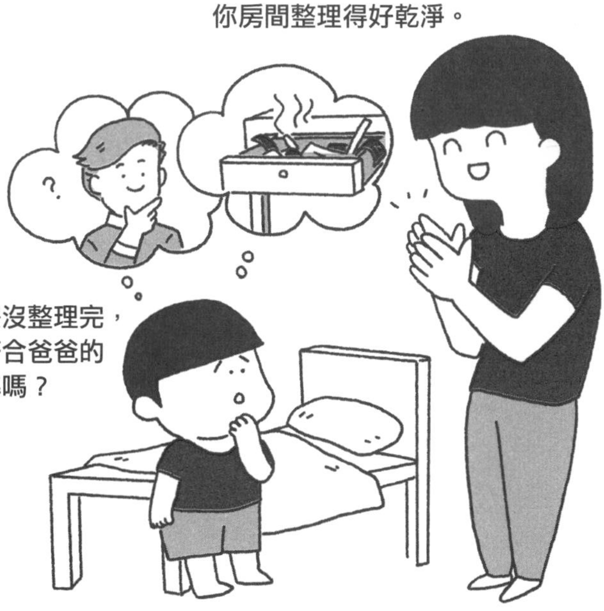
你房間整理得好乾淨。
抽屜沒整理完，
有符合爸爸的
標準嗎？

★傾聽二型（助人型）的孩子：

- 當孩子努力幫助身邊的人時，聽見他們付出的時間、精力和用心。
- 當孩子說自己時間不夠時，聽見他們需要你的幫助。
- 當孩子出現負面情緒時，聽見他們內心的受傷與難過。
- 當孩子貼心地照顧你時，聽見他們默默地期待你的支持與陪伴。
- 當孩子抱怨對方不懂得照顧自己時，聽見他們滿滿的愛與關懷。

你這裡不會寫嗎？

你看一下我的筆記，老師昨天有說……

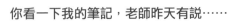

二型的體貼與關注，就像是父母關心孩子般的自然，有時會讓別人忽略他們的付出與用心，有時他們也忘記原來自己渴望被看見和被愛。他們如同所有人一樣，期待一種彼此扶持、相互幫助的關係。接受他們的幫助和給予他們幫助，都是能讓二型孩子體驗到完整愛的過程。

給父母的傾聽提醒：

- 孩子有時較容易順應家人朋友的需要，記得多主動詢問他們的喜好。
- 有時孩子較難主動尋求協助，可以默默地給予他們支持與幫助。
- 孩子通常是位很好的聆聽者，但也可以多鼓勵他們表達自己的想法。
- 當孩子花費很多時間在幫助他人時，肯定他們的付出，同時陪伴他們檢視優先順序，協助他們減少一些行程。

★傾聽六型（機警型）的孩子：

- 當孩子說自己沒辦法做到時，聽見他們的自我懷疑與壓力。
- 當孩子提醒你各種問題和挑戰時，聽見他們想保護你的善意。

- 當孩子讚賞同學且跟著對方腳步時，聽見他們渴望尋求一位依循的目標。
- 當孩子不斷分析各種難處而不行動時，聽見他們腦中的焦慮和擔心。
- 當孩子稱讚自己的能力時，聽見他們正努力看見自己的美好。

孩子四歲時，睡前會說，「我睜開眼睛或閉上眼睛，都會有可怕的東西出現。」六型的腦中時常會不自覺地出現各種負面可能，如果地震發生，房間櫃子會不會都倒下來？如果我們全家人都被關在電梯該怎麼辦？如果游泳時，突然跑出一隻鯊魚怎麼辦？這些貌似胡思亂想的想法，卻會深刻地影響他們的決策、行動，甚至是放鬆和休息。

去日本吃拉麵、玩戰鬥陀螺、吃很多巧克力。
總有一天會死掉
等你長大，預期一下會發生什麼事？

給父母的傾聽提醒：

- 讓孩子表達腦中恐怖的畫面，不需要否定這些想法，並且讓他們感受到被支持和被保護。
- 孩子會不斷地檢視和驗證父母所給的指示，因此父母的言行一致會提高他們的信任感。
- 適當地給予孩子讚美，這會幫助他們看見不同角度的自己。

父母的傾聽空間：寫下對於「用心傾聽孩子」的自我提醒

當孩子……時，我聽見……

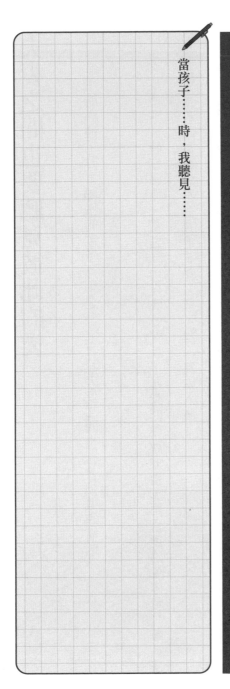

夫妻之間也要聽見彼此的愛

家中的溝通，除了綿密的親子互動之外，有時夫妻之間也有著相似的情境。

今年的冬天特別濕冷，星期五的夜晚，窗外下起斷斷續續的雨，雨水滴滴答答拍打著臥房窗外的遮雨板，好像客戶焦急的抱怨一般，讓人無法入睡。

先生從傍晚就一個人在書房裡，忙著應付電腦螢幕上，客戶寄來的技術難題，深鎖的雙眉吐露著壓力的喘息聲，突然書房門把發出嘎呀的聲響，隨著門打開時流入的一陣冷風，先生抬起頭來，看見身上還掛著鵝黃色圍裙的太太，手上捧著一盤豐盛水果，紅蘋果、紫葡萄和藍莓，一起在乳白色的康寧水果盤上爭奇鬥艷，彷彿灰姑娘初次見到王子的那場盛宴。

太太輕聲地說，「想要問你，下個月連續三天的連假，有沒有什麼計畫，有想要帶孩子去哪裡玩？」

先生原先沉浸在繁雜的技術難題中，已經有好幾個小時了，突然聽見開門聲和感受到風吹進胸口的寒意，才從自己的次元空間中掙扎而出，眼睛盯著那盤讓人垂涎的水果盤，耳朵好像有聽到太太在問的問題，卻沒能即時讓自己的心停頓下來，聽見太太真正的需求，是對於親密感的渴望，想要透過和孩子相關的一個生活化問題，作為兩人進一步溫暖對話和互動的起點。

太太的日常生活中，帶著兩個孩子上學、放學、上直排輪、下象棋課，過著馬不停蹄，被時間追趕著跑的日子，有一種不是身體上，而是心理上的疲憊感；有一種不是空間上的孤獨，而是心情上的寂寞感。內心默默地想透過和先生說幾句話，獲得被支持、陪伴和疼愛。

然而渴望安靜，讓自己專心在眼前工作的先生，當然沒有像小哥哥小文一樣白目，用雙手把耳朵摀住，而是用一抹受過多年職場溝通訓練的專業微笑，搭配著溫柔語氣，回應太太，「妳決定就好。」

這句聽起來彷彿非常尊重對方，是一句有禮貌、有教養的話，但實際上卻宛如在西門町老店裡販售的那一大碗，沒有紅豆、草莓，也沒有煉乳，只有廉價糖水的清冰，倒入了太太的心坎，讓人不禁地打了個冷顫。太太舉起虛弱的右手，在書桌上放下那盤瞬間失去光彩的水果，輕輕把房門帶上，一言不語地離開了書房。

太太也不會像小武一樣，利用唱搞笑的屁股屁股歌，嘗試與對方取得溝通上的連結，但太太早在幾天前，已含蓄地轉寄幾篇網路上的旅遊資訊給先生，希望借此引起對方進一步聊聊的興趣。

很像小武的個性，太太也覺得自己一個人在夜闌人靜時，獨自研究和規劃著旅遊行程，是件無趣的事，越是參與臉書上朋友們的討論，內心就越是感到孤獨。這份委屈和難過已經在心裡上下起伏波動了幾回，胸膛裡的悶氣持續膨脹著，讓平時對於判斷溝通時機有著很高敏銳力的太太，被困在內心情緒世界中，沒「聽見」先生主動關起書房門的舉動，就是清楚地傳遞出，此刻不想也不能被打擾的重要訊息。

平時從不聽廣播的太太，這時卻不自覺地按下音響的 Tuner 鍵，天花板上的環繞音響傳來輕柔的水聲、鳥叫聲，還有唰唰唰的翻書聲，就像是一本徜徉在森林裡的奇幻寶書，正等待著被發掘和閱讀。

一位小女孩，用她清脆溫柔的聲音，大聲訴說著書中的內容，原來是關於從小在家庭溝通中的聽見……

「每個人都經驗著很豐沛的一件事情，就是傾聽。當嬰兒哇哇墜地之後的那一刻，我們就自然開啟了生命的傾聽之旅。

聽見阿公從涼椅上一躍而下，急急忙忙朝娃娃床跑來，拖鞋和地板撞擊時，發出喀吶喀吶的聲音，混雜著阿公口中的喘氣聲，當他抱起因為肚子好餓，嚎啕大哭的我時，阿公轉頭大聲的對阿嬤說，快快，趕快去泡奶。我知道，這些聲音代表愛。

聽見阿嬤一邊搖著溫熱的奶瓶，一邊親吻我額頭，所發出的啾啾聲。我知道，這些聲音也代表愛。

聽見爸爸和媽媽在房間裡的爭吵，為了我們未來在哪裡上學，要花多少錢參加英文夏令營時。我也明白，這些吵吵鬧鬧的聲音都是愛。

聽見爸爸對媽媽說，妳決定。我肯定，這句話是愛。

聽見媽媽偷偷在房間裡，對著電話另外一頭的爸爸，難過地說著我們又打架的不堪時，雖然聽不到爸爸說的話，然而當媽媽啜泣的哭聲愈來愈小時，我聽見愛的聲音愈來愈大了。

聽見弟弟問我，英文怎麼拼，我猜，也是愛吧？

聽見哥哥學我，亂唱著屁股屁股歌時，我希望，這也是愛！」

一陣涼風從客廳的窗戶吹來，吹乾了太太眼角的淚水；輕柔的水聲和鳥叫聲再次響起，太太捲縮成胎兒的樣子，嘴角帶著一抹微笑，靜靜的躺在草綠色的沙發上。

CHAPTER

04

Understanding

搞懂孩子的內心世界

- 溝通的七種可能
- 深層理解人格的成長與循環
- 理解人格原動力，啟動親子加分旅程

星期日中午，公園裡傳來孩童的嬉鬧聲，十幾個小朋友在公園的遊戲區奔跑著，有人在空地上騎腳踏車，有人在沙堆玩沙，有些則在溜滑梯區爬上爬下。

「小朋友請來吃午餐囉！」爸爸媽媽們一邊吶喊自己的孩子，一邊張羅著食物、桌子和野餐墊。

「每個人一盒壽司和一瓶牛奶。」負責分配餐盒的媽媽大聲說著。

「我最喜歡壽司了！」「有牛奶耶！」玩得滿臉通紅的孩子開心地歡呼。

四歲的銳銳轉頭看著爸爸，小小聲地說：「我也想要吃。」

「好啊，自己過去跟愛愛媽媽拿。」因為銳銳個子較小，爸爸還是不放心地跟在後面，多次提醒他要用兩隻手拿。

爸爸眼睛看著銳銳頭轉向右後方，左手伸向前拿餐盒，正想再次提醒他要用兩隻手拿，但話還沒說出口，就看到餐盒已經脫離上方的蓋子，裡面的壽司和盒子一起散落在地上。

銳銳看著地上的壽司，轉頭看著臉色有點難看的爸爸，「我想吃壽司。」

「我知道，可是掉到地上就沒有啦！剛剛不是請你用兩隻手拿嗎？」爸爸在說話的同時，意識到有二十雙眼睛看著這段互動的發生。

銳銳有別於平時的伶牙利嘴，呆呆地站在原地。

「請說話。」爸爸蹲下看著銳銳，試圖讓旁邊的人看見，這是平等冷靜的父子對話。

銳銳眼睛看著地上，宛如在做靜思一般。時間一分一秒過去，爸爸感受到旁人關心的眼光如銳劍般地飛來，彷彿大家都想要幫忙化解這段緊張關係。

哥哥坐在媽媽旁邊，嘴巴咬著一口壽司，一邊小小聲的說，「哎喲，趕快說話就好了啊！這樣我也不知道怎麼幫他了啦！」

媽媽走到爸爸身旁，暗示讓她溝通看看。爸爸嘴巴說，「隨便他啦，我不管了。」內心卻鬆一口氣，這樣至少可以化解眼前的尷尬狀態。

晚上，兩個孩子都睡著後，媽媽從孩子房間走到爸爸的書房。「剛剛睡前，我問銳銳早上為什麼不說話？他說，因為旁邊很多其他小孩的媽媽，他覺得很害羞。」

「他又不說，我怎麼會知道。」爸爸淡淡的吐出這句話，但話中似乎帶著一絲委屈，父親的堅強盔甲，隨著夜晚降臨也慢慢褪去。

「我知道，我也常常搞不懂他。只是他好像真的需要比較多的時間消化後，才有辦法說出自己的感受。」媽媽聽見爸爸的無奈，輕聲地說完這句話，將時間和空間留給他……。

先從動物演化的角度來看，聽見同類夥伴彼此傳遞的溝通訊息，一直都是求生歷程中的關鍵技能。

當傾聽的行為正確無誤時，不論訊息是安全或是有風險，都能夠採取適當因應環境的行動；當傾聽的過程中，沒有聽到完整的資訊，或是訊息遭到扭曲時，則容易造成判斷上的錯誤，接著產生一連串後續的負面反應，從而採取錯誤的因應行為，甚至可能出現危及性命的嚴重結果。

人類是唯一具有語言能力的動物，每人每天都需要大量的溝通來交換資訊，幫助彼此在群體中，能以正確的方式相互幫忙和進展。家庭則是人類最重要的群體單位，夫妻、親子和手足之間，時時刻刻都在進行著各種溝通。

然而，我們的溝通是通順無阻，還是因為「有說卻沒有聽」、「有聽卻沒有懂」、「說者無意，聽者有心」而引起種種誤會？

溝通的七種可能

這裡我們將花一點時間，解構雙方溝通的可能結果。我們以A代表說話的人，B代表傾聽的人，下圖中的三個圓，可以用來比擬親子雙方的溝通。

- 第一個圓I代表「**說話的人A**」有**表達出心裡的話**。
- 第二個圓II代表「**傾聽的人B**」實**際聽見A表達的內容**。
- 第三個圓III代表「**傾聽的人B**」有**聽懂對方表達的內容**。

三個圓圈相互交集的關係圖如下，總共有七種溝通的可能結果會發生：

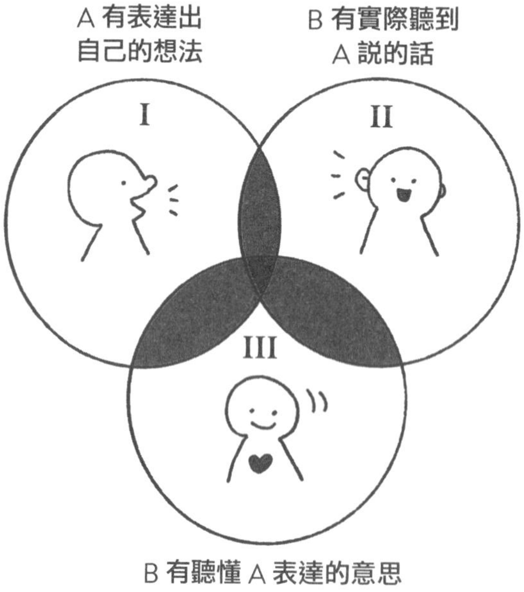
A 有表達出
自己的想法
B 有實際聽到
A 說的話
I
II
III
B 有聽懂 A 表達的意思

情況一：完全溝通型

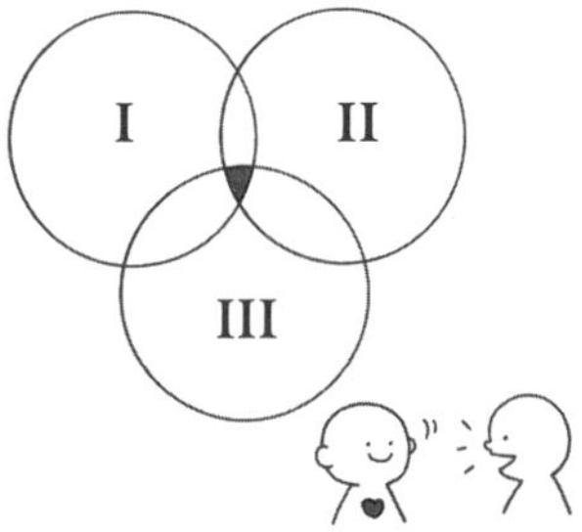

- 圓 I：A 有表達自己的想法
- 圓 II：B 有聽到 A 說的話
- 圓 III：B 有正確解讀 A 所傳達的想法

情況二：最佳默契型

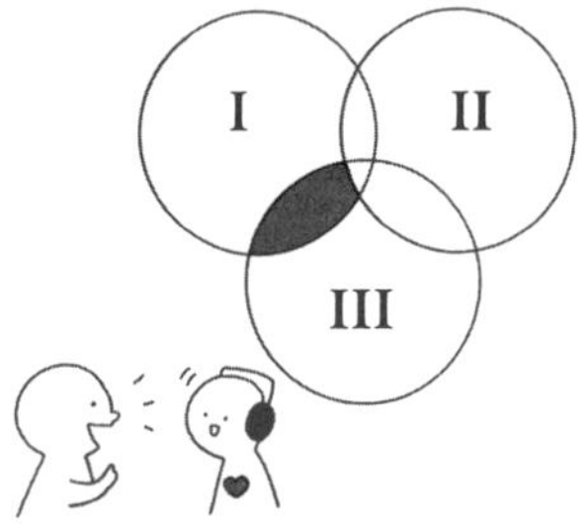

- 圓 I：A 有表達自己的想法
- 圓 II：B 沒有聽到 A 說的話
- 圓 III：B 能夠明白 A 的意思

情況三：有說沒聽型

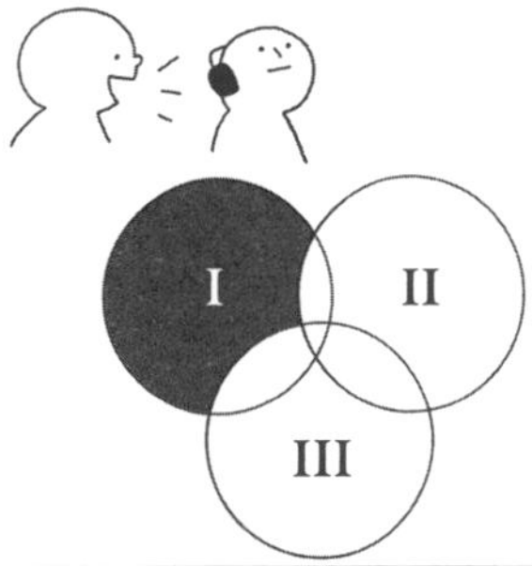

- 圓 I：A 有表達自己的想法
- 圓 II：B 沒有聽到 A 說的話
- 圓 III：B 沒有理解 A 的意思

情況四：有說有聽沒懂型

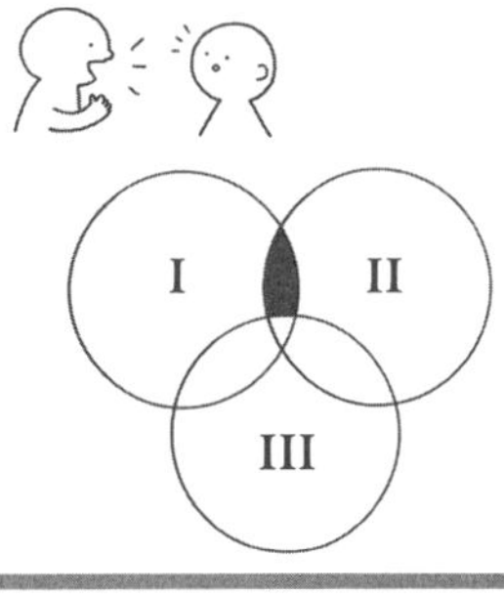

- 圓 I：A 有表達自己的想法
- 圓 II：B 有聽到 A 說的話
- 圓 III：B 沒有理解 A 的意思

情況五：沒説卻有聽型

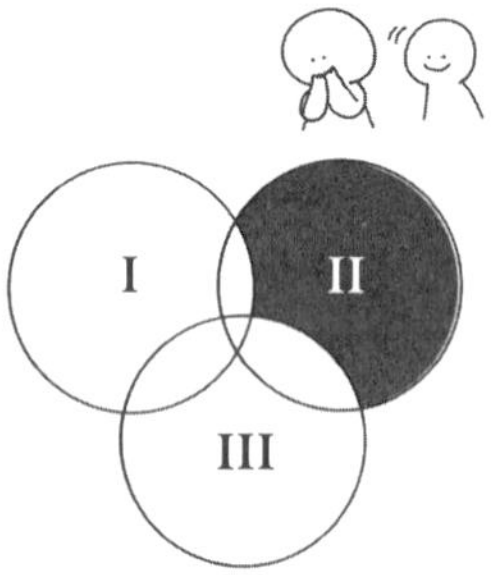

- 圓 I：A 沒有表達自己的想法
- 圓 II：B 自認有聽到 A 內心的想法
- 圓 III：B 沒有把無中生有的訊息當真

情況六：捕風捉影型

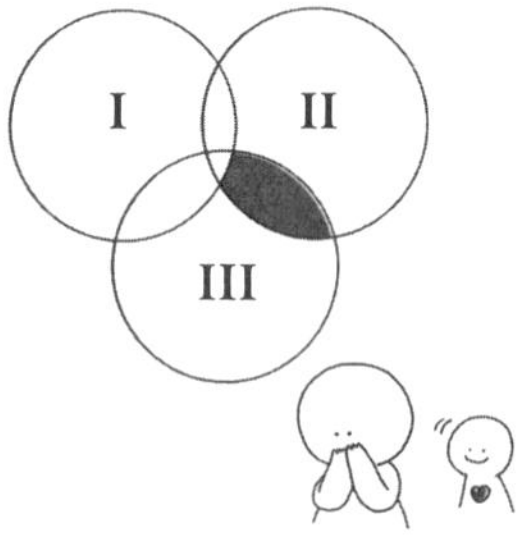

- 圓 I：A 沒有表達出某些想法
- 圓 II：B 自認有聽到 A 傳達想法
- 圓 III：B 覺得自己明白 A 的意思

情況七：憑空想像型

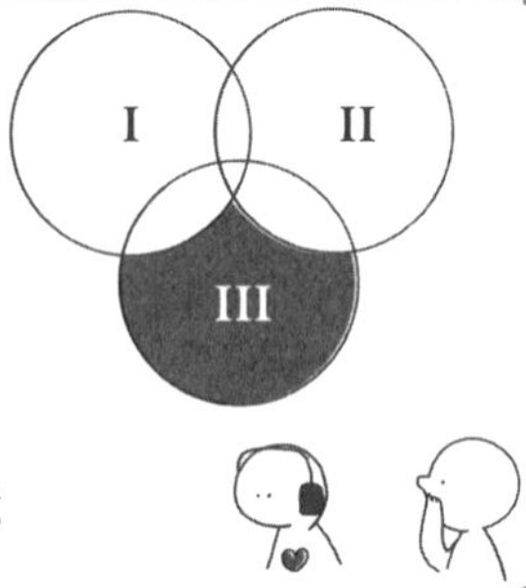

- 圓 I：A 沒有表達出某些想法
- 圓 II：B 實際上沒有聽到 A 傳遞的訊息
- 圓 III：B 自認完全理解對方的真正想法

情況一 完全溝通型

我們可以看到下圖中的第一、第二及第三個圓形交集處，也就是圖形正中央的**1**號區域。這個區域稱為「完全溝通區」，也是親子溝通時，每個人都很期待能擁有的溝通結果，因為表達意見者的心聲，有被對方聽到，而且還能夠被正確理解。

例如：

當小武問哥哥，英文如何拼音時，如果哥哥不僅有聽到小武的問題，而且有理解小武也傳達了想要被陪伴的需求，哥哥可能就會告訴他，等一下做完功課，就會來幫忙他的。

當小文摀住耳朵時，如果弟弟真明白這個動

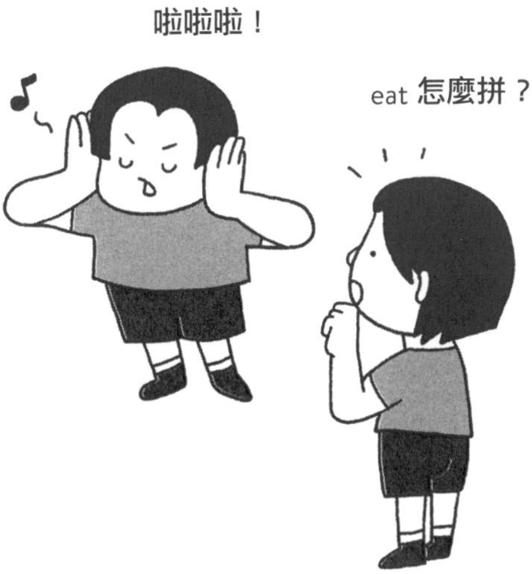
啦啦啦！
eat 怎麼拼？

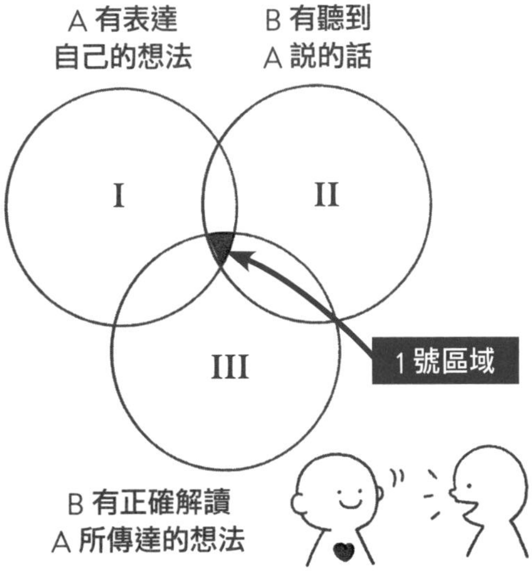
A 有表達
自己的想法
B 有聽到
A 說的話
I
II
III
1 號區域
B 有正確解讀
A 所傳達的想法

作的意義是請勿打擾，就會耐著性子，等待哥哥完成作業時，才是最好的時機尋求拼英文的協助，一起聊天和玩耍。

情況二 最佳默契型

當三個圈圈交集處落在圓形一和三交集的2號區域時，表示溝通的一方A有表達出個人的想法，但是另一方B卻沒有聽到。然而B雖然沒聽到，卻能夠明白A的意思。怎麼可能沒有聽到卻理解對方的想法呢？

不是因為B可以通靈，而是因為A和B的默契十足。當A傳達出訊息時，即使B沒有認真聽到，也能倚靠兩人的默契來理解對方的想法。因此我們稱這個區域為「最佳默契型」。

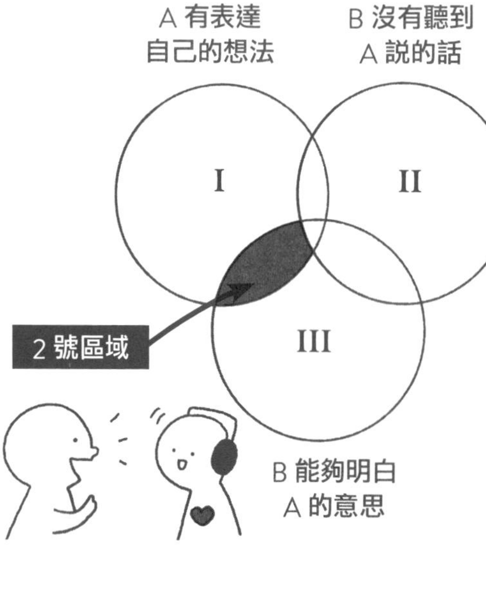
A 有表達
自己的想法
B 沒有聽到
A 說的話
I
II
III
2 號區域
B 能夠明白
A 的意思

例如：

媽媽正在電話中和同事談論著公事，弟弟擔心打擾到媽媽，就躡手躡腳地輕聲走過來，然後小聲的在媽媽耳邊說了一堆咕嚕咕嚕的話，媽媽其實一句話也沒聽清楚，卻彷彿是孩子肚子裡的蛔蟲，清楚明白孩子的需求，就對弟弟點點頭，讓他滿意的離去。

接著看到弟弟很開心的去邀請哥哥，「快來，媽媽說可以開電視，看半小時卡通喔！」然後就很開心的拿起電視遙控器，按下開關的同時，望向媽媽，舉起左手大拇指，比了個讚。

媽媽雖然沒有聽到弟弟說的話，卻真的憑藉著默契，能理解弟弟跑來溝通的訊息，也望著兩兄弟，給了一抹肯定的微笑，同時舉起右手大拇指，回給兄弟倆代表認同和理解的讚。

如果溝通能都在1號和2號區域就真是太美好了，然而看著這三個圓的各種交集可能性，就像日常生活中的親子溝通一樣，還有許多不如人意的情況會發生，接下來就要一一認識親子溝通時容易出現的另外五種挑戰。

情況三 有說沒聽型

從下圖中可以看到，3號區域僅包含第一個圓，完全沒有與另外兩個圓形交集。這種溝通情況指的是A有表達出自己內心想說的話，可惜的是B並沒有聽到，也並不理解A想要傳達的內容。這樣的溝通顯然是白費力氣的，因此我們稱之為「有說沒聽型」。

例如：

爸爸說：「不要把蘋果吃完，要留一些

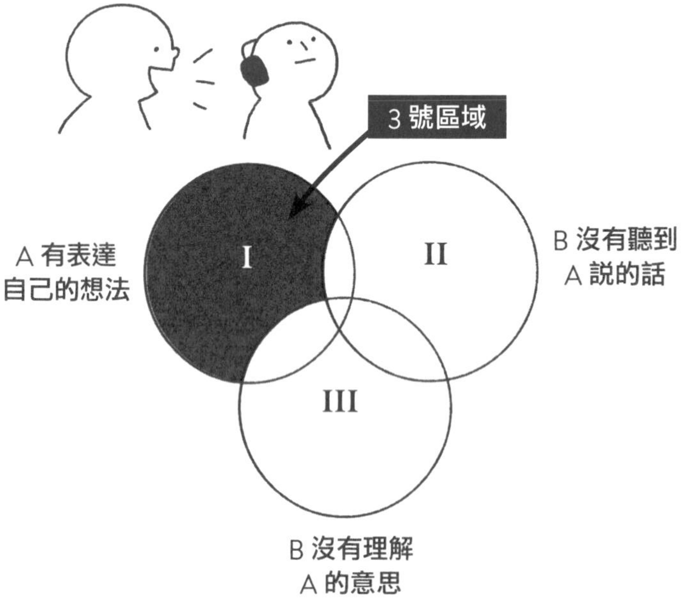
3 號區域
I
II
III
A 有表達
自己的想法
B 沒有聽到
A 說的話
B 沒有理解
A 的意思

給別人。」哥哥卻沒停手，仍然開心地把蘋果塞了滿嘴。

小武說：「eat 怎麼拼？」小文摀著耳朵，沒作聲。

媽媽說：「不要再打架了！」小文仍然伸出猶如迅猛龍的快爪，狠狠抓住弟弟的手臂。

雖然爸爸、媽媽和弟弟都清楚表達了意見，然而傾聽者並沒有真正聽進對方的意見，後續的動作自然就會造成更多的誤解或衝突。

如果3號區域的情形一再出現，彼此之間的信賴關係肯定會漸行漸遠。離開3號區域的最好方法，就是傾聽者要能聽見對方的表達，因此需要先「停頓」，而且是「心停頓」，例如爸爸走到哥哥面前請他先暫停一下；小文願意停止摀住耳朵。先產生內在的空間，才能讓對方真誠的訊息流入心坎，真正被聽見。

然而，即使訊息被聽見，也不代表訊息被正確理解。

情況四　有說有聽沒懂型

下圖中的4號區域落在第一個圓和第二個圓的交集處，並沒有與第三個圓交集。表示A有表達出自己內心想說的話、B也有聽到，可惜的是B並沒有真正理解A想要傳達的內容。這樣的溝通同樣是白費力氣的，可以稱為「有說有聽沒懂型」。

例如：

太太問：「連假時，要去哪裡玩嗎？」先生有聽見這句話，所以回了，「妳決定。」卻沒有聽懂太太想要連結彼此，重拾親密感的真正訊息。

小文搖著臀部，學弟弟唱屁股歌時，弟弟有聽見，卻因為沒有聽懂其中小文想要傳達的幽默感，只是感覺被嘲笑，然後白白生了一場氣。

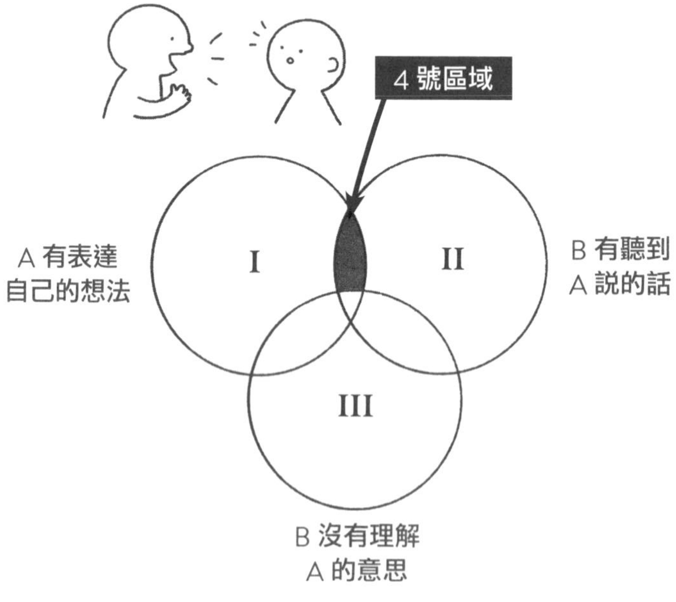
4號區域
A有表達
自己的想法
I
II
B有聽到
A說的話
III
B沒有理解
A的意思

為什麼溝通的訊息會被聽見，卻沒有被理解呢？

在傾聽的過程中，「對方說出口的話」只是訊息的第一個元素。在科學實證研究中，語言只佔百分之七的影響；「怎麼說這些話？」也就是「用什麼語氣來表達」則是第二個重要的因素，佔了百分之三十八的影響；佔比最重的是第三個因素——肢體語言，有高達百分之五十五的影響。

當太太來書房裡說話時，先生只聽到太太口語表達的內容，卻沒能透過她疲憊的眼神，以及手裡精心準備的水果盤，理解這段溝通蘊含著太太渴望連結彼此的需求。

4號區域的溝通情形並沒有比3號區域來得更理想，傾聽依然沒有達到理解對方的效果，對於雙方的關係，還是會產生負面的結果。

許多青少年已經不太願意敞開心胸和父母說真心話了，因為覺得就算說了，父母看起來有在聽，卻也沒有真正理解，何必浪費時間呢？

有心離開3號區域之後，卻發現彼此的溝通並沒有好轉，而是落入4號區域，對方有講，自己有聽，但仍出現沒有聽懂的尷尬情形，原因是什麼呢？

有一種可能是資訊收集不完整。比如傾聽的人，雖然有聽到對方的言語，卻沒有聽見語氣或是肢體語言要呈現的真正意圖。

例如孩子說：「我不想去學校！」如果父母沒有真正傾聽，未能全心收集孩子話中傳遞出來的溝通訊息，可能會急著說服孩子，學校的活動有多精彩或同學有多喜歡他；當孩子看起來並不想改變心意時，父母的語氣會變得愈來愈重，說著私立學校的學費有多貴，同時說起自己小時候唸書有多認真……。

「我不想去學校。」如果我們將孩子的語氣和表情都聽進心中，有可能會發現孩子只是在撒嬌，因為他知道爸爸明天就要出差到國外了，所以今天只想和爸爸像玻璃瓶裡的韓國泡菜一樣，浸在一起發酵；肚子餓時，共同把冰箱裡的剩菜做成佳餚；吃飽時，聽著Alan Walker的歌，坐在書房地板上，一起磨木劍。

情況五 沒說卻有聽型

下圖中的5號區域是溝通時很特別的一種情況。雖然不包含第一個圓，卻有第二個圓出現，代表A沒有表達內心的想法，B卻覺得有聽到子虛烏有的訊息，稱為「沒說卻有聽型」。這時，B聽到的訊息全是自己想像的，還好沒有包含第三個圓，所以B沒有把這些無中生有的訊息當真。

例如：

媽媽沒有怪罪小武在桌子底下踢哥哥，可是小武心裡感覺聽到媽媽對自己引發兩人爭吵的不滿，還好這個內心的聲音沒有讓小武記在心上，所以也就沒有產生進一步的負面情緒。

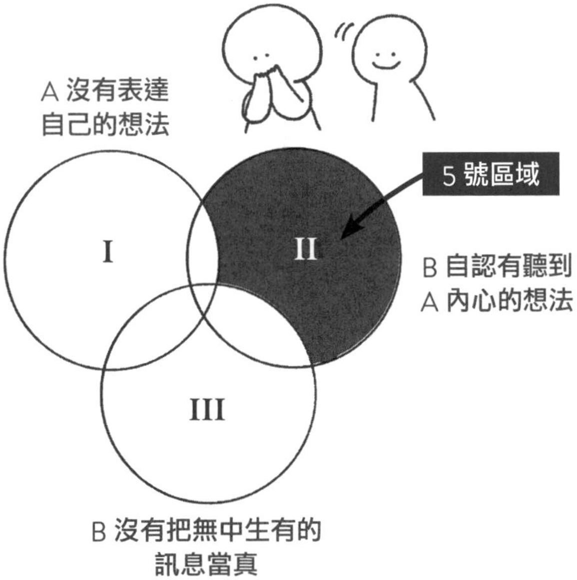
A 沒有表達
自己的想法
5 號區域
I
II
III
B 自認有聽到
A 內心的想法
B 沒有把無中生有的
訊息當真

你是否感到好奇，為什麼對方明明沒有表達這樣的意思，自己卻會聽見？

很可能是過去小武已經有過類似的經驗，以前他和哥哥上演武打片時，媽媽總是會碎念幾句話，責怪他應該懂得選擇用口頭溝通，而不是以動手動腳的方式來解決。

這回媽媽沒有針對小武的個人行為來進行管教，而是對著兄弟倆一起說，然而小武腦海中的記憶讓他誤以為自己聽到媽媽對他的責怪。

5號區域溝通的小確幸是，雖然聽到錯誤訊息，但彼此的誤解並沒有真正產生。

情況六 捕風捉影型

6號區域稱為「**捕風捉影型**」，代表雙方進入更糟糕的溝通狀況。在這個情境下，**A實際上並沒有表達出某些想法，B卻感覺有聽到A傳遞出該想法。最令人擔憂的是，B把無中生有的訊息當真，覺得自己懂了A想要傳達的意涵**（實際上A並無傳達這樣的訊息），所以這裡的聽懂其實是一種幻想。

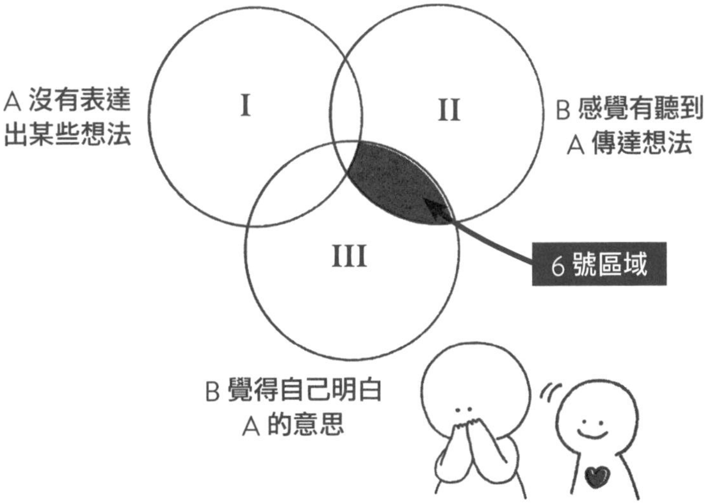
A 沒有表達出某些想法
I
II
B 感覺有聽到A 傳達想法
III
6 號區域
B 覺得自己明白A 的意思

例如：

媽媽掙扎了好幾個月，終於有勇氣把好幾年來一直留著過肩的烏黑長髮剪短，帶著忐忑不安的心回家開門之後，正在廚房拿起水喝的爸爸，聽到鑰匙聲後猛一抬頭，看到剛剪成短髮的媽媽回家，只是突然嗆到，咳嗽了幾聲，還沒有說任何話時，媽媽就覺得咳嗽聲就代表爸爸被自己的新髮型驚嚇到，一定是不喜歡，接下來，不論爸爸怎麼真心稱讚新髮型，媽媽內心早已經在6號區域寫出結案報告了。

當爸爸開口說，「新髮型看起來好年輕喔！」媽媽腦中想起一本美國心理學暢銷書，書中說兩秒內的直覺最準，所以認為爸爸的甜言蜜語，只是想要讓她感覺好些。爸爸說愈多讚美的話，媽媽心裡愈覺得虛偽。媽媽轉身進了廚房，打算將自己埋入準備晚餐的忙碌中，然而從鍋鏟和不沾鍋粗魯的碰撞聲，就明白這場誤解還在媽媽心中迴盪著。

6號區域可以說是傾聽的地雷區，路面上看不見，卻可能因踩到而突然引爆；說話者沒有表達這樣的意思，聽者卻捕風捉影地產生許多自己的詮釋。麻煩的是，在家庭溝通中，我們很容易往負面方向思考，認為對方在批評自己，或是出現對方行為虛偽等的揣想。

小文覺得弟弟問英文拼音，是想干擾他。

小武覺得哥哥搖臀唱歌，是在透過模仿嘲弄他。

這些都是根本沒有要表達的意思，卻被對方聽到，而且被錯誤地理解。這些誤解不僅會引發負面情緒，更可能帶來後續即將上演的以牙還牙連續劇戲碼！

那麼，如果6號區域「說者無心，聽者有意」的自我詮釋，是往正面方向思考會好些嗎？孩子誤以為爸爸在即將到來的春假，會帶一家大小到南部的遊樂園玩，等日期接近時，才發現並沒有這樣的安排，心中會出現什麼樣難過的感受？

如果發現原來只是自己的誤解，頂多是覺得下回應該要問清楚；可是如果並沒有發現是自己的問題，很可能就會在心裡怪罪爸爸是個不守信用的人。可憐的爸爸，什麼都沒做，卻莫名其妙地承擔了不守信用的罪名。

情況七 憑空想像型

7號區域稱為「憑空想像型」，可以說是七種溝通狀況中，最令人百思不解的一種。在這個情境中，僅僅包含第三個圓，也就是A並沒有表達出某些想法，B實際上也沒有聽到A傳遞出任何話語或觀察到任何相關的肢體語言，**但是B在對方沒有傳遞任何訊息時，不但連捕風捉影的影子都沒抓到，就已經在自己內心產生許多主觀意見，而且認定是對方的真正想法。**

例如：

小武問了哥哥「eat」怎麼拼，實際上，哥哥沒有給出任何訊息，只是沉浸在自己的功課中，弟弟就認為哥哥故意冷淡以對。

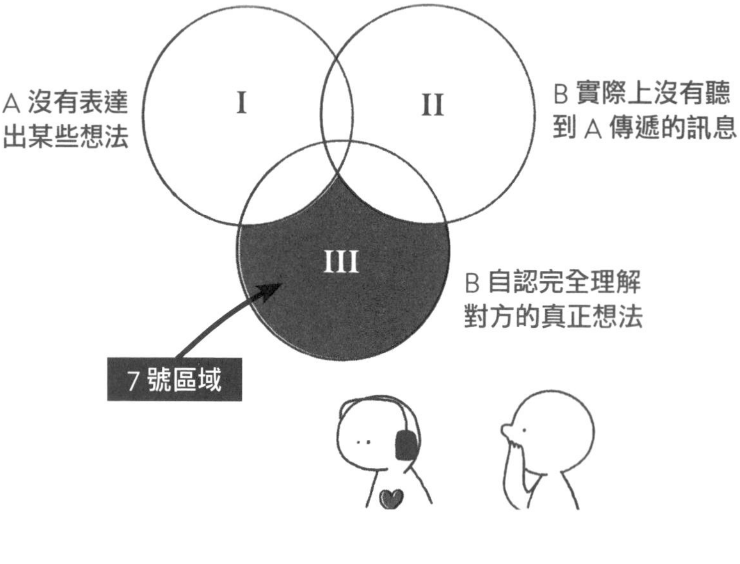
A 沒有表達出某些想法
I
II
B 實際上沒有聽到 A 傳遞的訊息
III
B 自認完全理解對方的真正想法
7 號區域

先生有禮貌地回了一句：「妳決定。」實際上沒有散發任何兩人關係的負面訊息，太太也沒能從先生的表達中，找到蛛絲馬跡，卻能夠進入自己憑空幻想的7號區域，認為先生正在疏遠她。

有時候，假想劇場裡的人物會超過兩個人，例如星期日的下午，媽媽沒有交代任務給小文，然而正處在7號溝通區中的小文，實際上也沒有聽到媽媽的任何訊息，心裡卻自導自演的認為媽媽會要他把弟弟的功課管好，所以小文就對著弟弟說，「你的作業都還沒做，趕快去做！」弟弟正沉浸在畫恐龍的美好世界中，聽了胸中馬上燃起一把怒火，認為小文為什麼講話語氣要像大人一樣，憑什麼來管自己。

這樣莫名而起的誤解，甚至是衝突，在親子溝通中經常出現。被誤解的一方，可能疑惑自己究竟做了什麼事，明明什麼都沒說，什麼都沒做，卻把事情變得如此混亂。

由於整個溝通過程全是B的憑空想像，所以會讓對方感到有理說不清的難啊！

「這只會發生在有精神妄想症的人身上吧？」有些人可能會這樣想。

真的是這樣嗎？看看以下的描述，感覺一下在自己的家中，是否偶爾也有類似的時刻？

- 在某件事情上，我們真沒說過孩子的不是，然而，孩子卻誤以為我們對他的表現不滿意。
- 在某件事情上，我們明明就對孩子感到放心，然而，他們卻有許多擔憂，認為必須要小心翼翼，注意各種風險，才能夠達到我們的期待。

- 有時候，我們沒有允許孩子做這些事情，然而，他卻認為父母完全授權他，可以獨力去完成這些事情。

孩子有7號區域的憑空幻想時刻，家長也會有嗎？

- 孩子並沒有邀請我的建議，我卻認為他在此時，應該會希望我告訴他該怎麼做、哪些地方需要改善。
- 雖然孩子沒開口，但我早已看得出這件事情很難處理，因此覺得他心裡應該是希望我主動出手幫忙。

身為家長，如何能更快注意到自己掉進憑空幻想的7號溝通區？

當我們主動給孩子建議或幫助時，如果先看見他驚訝的回應，我們就應該警覺到很可能是自己憑空幻想出孩子有傳遞「需要聽建議，或是被幫忙」的訊息。有時孩子在驚訝之後，對於我們的建議和幫忙是感到正面的；有時即使孩子沒說，也可以從他的臭臉上看出不開心，覺得我們誤以為他此刻需要建議或幫助是不恰當的。

深層理解人格的成長與循環

前一章談到傾聽對方的弦內之音，當深度傾聽時，可以聽到更多行為背後的意圖，但即使用心傾聽，仍然會有很高的機率是無法正確理解對方的想法。學習九型人格二十年，我有時仍然會對於六型的擔心和焦慮感到不解、對於二型難以接受他人幫助感到疑惑、對於四型的內在世界感到高深莫測……。

的確，若僅僅看見那受限的人格特質，我們有時會難以理解孩子的想法與感受。然而，若我們記得每個人都具有九種人格的特質，只是在某些階段，會卡在某些人格特質當中，我們會想起自己有時像是八型一樣勇於表達，有時像是一型一樣很在意細節和正確性，有時又像五型想要探索更深的知識……。

人的樣貌絕非一成不變，隨著時間和空間，孩子會成長而改變。因此理解孩子，並非僅僅知道孩子那些受限的人格特質，而是協同他一起看見自己豐富且美好的各種樣貌。

當我們記得那些美好的人格特質時，就更能對每一種類型的美好感同身受，也就能陪同孩子一起成長，開啟更深一層的對話。

理解人格原動力，啟動親子加分旅程

九型圖的圓形，代表我們完整的自己；圓上的九個點，像是旅途上的暫停點，有時會持續前進成長，有時會在點上稍作停歇。要真正理解孩子的人格特質，就要看見九種人格的原始美好本質，因為那是孩子內在的原動力。

然而，要能理解孩子最好的加分方式，不是往前，而是後退，才能把彼此的空間拉出來。如果只倒退一格，對理解不同型的孩子，釋出的空間可能未必足夠，因此，接下來我們不是從一型開始，而是倒退兩個型號，從八型開始，一同走過這段理解孩子的加分旅程。

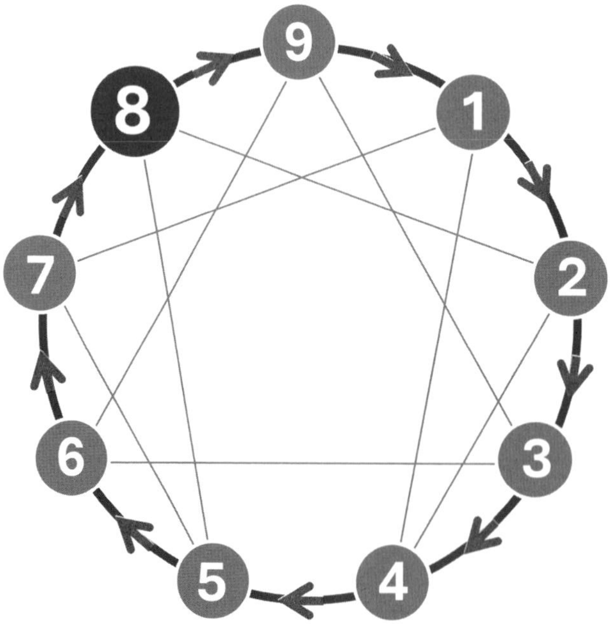

八型——展現生命力，真切地回應世界

八型是起點，是向外探索的勇氣。嬰兒出生時的第一件事，就是用哭聲讓身邊的人知道，他已經安全來到這個世界。哭，是嬰兒連結外面世界的方式，告訴身邊的大人，我餓了、累了、需要抱抱了。八型是一種真誠且不可或缺的生命力，幫助我們與世界連結，讓我們有力量告訴這個世界：「我來了」，讓世界聽見我們內心的聲音。

當孩子擁有純真的八型美好特質時，會對自己的行動和選擇充滿信心，讓自己的聲音在群體中被聽見：四歲的孩子充滿熱情的帶著身邊的朋友跑上禮堂的舞台，大聲的唱歌或大叫；五歲的孩子學習芭蕾舞，即使面對極度疼

痛的拉筋，仍展現強烈的意志力，要克服當前的困境；七歲孩子看到同學被不公平對待，有勇氣直接告訴老師，幫同學伸張正義。

九型——展現共融力，與外界和諧相處

嬰兒在母親腹中時，與母親是不分你我的合為一體，母親吃飽，胎兒就能得到餵養；胎兒在腹中跳動時，母親也會同步感受到。出生後與母體分離，嬰兒會重新體驗與母親、與他人的關係。當孩子得到適當地餵養和關懷時，會保持穩定安靜的狀態，感受彼此的平衡關係。九型是融合的能量，幫助我們能安靜自處，傾聽和接納自己與他人的需求，營造雙方都舒服的互動關係。

兒子從三歲開始，看到大人們大聲講話時，有時會用岔題、大笑的方式打斷大人的表達，希望能維持彼此和諧的狀態；有時會詢問我們，「為什麼要這樣大聲說話？不是可以小聲說嗎？」有時也會拉著我們的手說，「最喜歡大家在一起的美好時光。」當孩子擁有純真的九型美好特質時，會敏感地察覺外在環境狀態，會傾聽和接納對方，也能適當地表達個人需要。

一型——展現自我修練，堅持正確的道路

當孩子在母胎時，一切都是唯一的美好圓滿；孩子來到這個世界後，會漸漸發現生活中的善惡對錯，理解行為的原則與規範。一型是一種尋求真善美的能量，幫助我們分辨善惡，探索內心的良知，並且提醒自己堅持對的選擇和行動。

孩子會理解生活中的正確規範，並且提醒自己和他人共同為美好的事物努力。四歲的孩子會提醒父母不要翹腳，以免身體受傷；五歲的孩子會不斷問「為什麼」，理解每個行為的標準；六歲的孩子會要求自己和家人都要遵守社會秩序，要走斑馬線、天橋或地下道。當孩子擁有純真的一型美好特質時，他們會用心尋求對自己、他人或社會最有幫助的行為準則。

二型——渴望分享自己，回應所愛的人們

嬰兒大約在兩個月大時會懂得「社會性微笑」，就是運用微笑或大笑回應吸引他們的人事物。這是嬰兒與他人互動的開端，也是嬰兒對照護者的善意表達。二型是對他人表達愛的能量，

當我們得到適當的餵養與關愛，也會期待自己能給予和分享，回應所愛的人們，建立良好的互動關係。

當孩子擁有純真的二型美好特質時，會單純地想表達自己對這個世界的感謝，也想為所愛的家人或朋友貢獻一己之力。他們渴望幫忙掃地、拖地、收拾碗盤，分擔父母的壓力；努力配合好朋友的喜好，希望讓對方開心；也會透過擁抱或微笑，讓對方感受到自己的滿足，就像是我的兒子在四歲時，發明一種「一日愛」的貼紙，他會在紙上寫下「一日♥」（愛太難寫，所以用圖形表示），然後拿給我們，告訴我們：「你擁有我很多的愛。」

三型——渴望自我實踐，活出美好的自己

隨著成長，孩子渴望更實質的回饋世界，因此開始觀察和理解世界對自己的期待，並且透過不斷檢視和精進個人能力，回應他人的需要。三型是一種實現自我的能量，幫助我們持續地自我鍛鍊，提升個人能力，活出最佳版本的自己。

當孩子擁有純真的三型美好特質時，會渴望提升自我能力，期望自己每次都能做到最好。他們可能會觀察父母、老師、朋友的喜好，例如父親特別喜歡跟他玩棒球的時刻；老師時常讚賞同學的專注學習；好朋友都喜歡一起踢足球。因為有著強烈學習的動機，所以孩子能發揮自己的潛能，並且藉由個人能力幫助生活更美好。

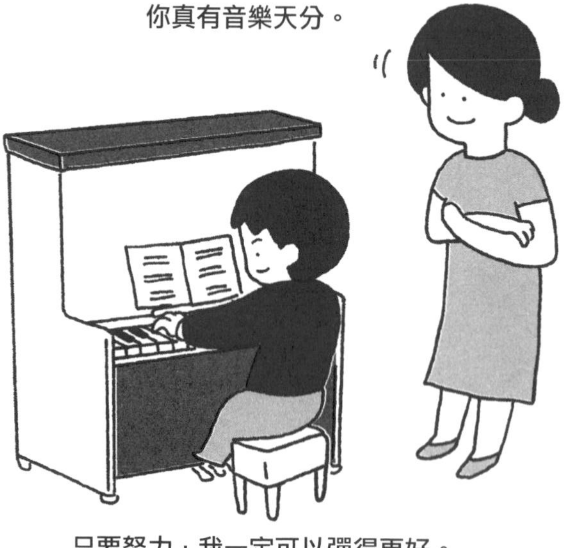
你真有音樂天分。
只要努力，我一定可以彈得更好。

四型——渴望自我認識，展現個人獨特性

因持續向外探尋和自我成長，孩子開始思索「我是誰？」、「我與他人有何不同？」、「如何能貢獻給世界那獨一無二的我？」四型是一種向內探索的能量，幫助我們認識與生俱來的獨特天賦，並且豐富這個五彩繽紛的世界。

當孩子擁有純真的四型美好特質時，會對自己充滿好奇心，無論是外在樣貌、高矮胖瘦、聲音，或是內在的情緒與個性，孩子都渴望更認識自己的獨特樣貌。當我的孩子四歲時，我們一起看著情緒的圖片，討論著他最喜歡笑臉的情緒；五歲時，他會問我自己是什麼樣的性格，然後與我一起討論他那些重視友情、細心謹慎、期待每天笑口常開的日常行為。因著更了解自己，也更懂得欣賞自己的美好與獨特。

五型——探索宇宙法則，發掘生命的智慧

認識自己之後，孩子期待更深入地認識這個世界。透過接觸各類不同的知識，以及不斷地詢問為什麼，孩子能認識所處的環境，思索自己與萬物的關係。五型是由外而內的探索能量，以外界知識為媒介，將各種資訊內化為個人思想與智慧，為了貢獻他人做準備。

當孩子擁有純真的五型美好特質時，會渴望學習生活中的各種新知，例如三歲孩子會抓著媽媽唸百科全書；五歲孩子問爸爸為什麼蟬會停在我們的紗窗上、為什麼恐龍會滅絕、為什麼每個人的皮膚顏色不一樣；九歲孩子研究昆蟲的食物鏈後，拿著自己出的考題要媽媽作答。因著認識所處世界，孩子能夠結合自己的獨特性，發揮自己的生命智慧。

你知道螞蟻把動物屍體搬到哪裡嗎？

六型——探索團隊共創，發掘生活的使命

孩子期待發揮自己的智慧，也期待與他人共同合作。合作，是將自己和他人的能力發揮到極限，產生一加一大於二的成果，幫助群體彼此學習，更好且更快地達成目標。六型是融合陽剛與陰柔的勇氣，在面對挑戰時，會自我反思與持續學習，並且結合自己與他人的獨特能力，共同完成更大的目標。

當孩子擁有純真的六型美好特質時，會思考分析生活中的挑戰，以及自己要承擔哪些責任，並且努力在團隊中貢獻一己之力：三歲的孩子主動協助母親收衣服，很得意地說「我也有幫忙家中工作。」七歲孩子在足球隊中與同學合作，完成被賦予的後衛任務；十二歲孩子與同學運用五個月的週末時間，挑戰從未接觸過的科展實驗。透過合作，孩子會更清楚驗證自己的能力與樣貌，並從中發掘自己的生活使命。

一起合作的感覺真好！

七型——探索喜樂泉源，發掘生活的幸福

七型是一個循環的終點，經過八種不同經驗的旅程，最後要發掘生活中的重要元素：喜樂。喜樂不一定是好玩或興奮的經驗，而是一種內心的滿足感。喜樂可能源於自己有學習和成長、幫助到他人、認識自己更深層的面貌、克服一個艱難的挑戰，也可能是與他人共創的美好經驗。

當孩子擁有純真的七型美好特質時，對生活中的各種新經驗充滿好奇心。記得兒子四歲時，拿到一條橡皮筋，可以開心地玩半天；第一次自己拿著刀子切食物時，臉上堆滿笑容；看到對大人來說稀鬆平常的工作梯子，也可以和朋友們爬上爬下地玩整個下午。孩子的快樂，不是因為擁有好玩的新經驗，而是擁有喜樂的心，發掘生活中的幸福。

因為感受到幸福，所以會充滿勇氣與力量，面對生活中的挑戰，即使摔倒、失敗、受

挫，仍會不斷站起，熱情的擁抱生命，再次回到八型的美好能量。

入秋的黃昏，孩子在公園裡與同學們盡情奔跑，金黃色的探照燈從天上灑下光芒，每個孩子都彷彿穿著一件黃金聖衣，擁有無限的體力和力量。我那平時小心謹慎，面對新事物總是先瞻前顧後的兒子，這時化身為一個大冒險家，穿梭在偌大的溜滑梯洞穴中，興奮地與同學們找尋各種怪獸，不時還跑來我的面前說，「不要害怕，我們會保護你的！」

反倒是我成為一名緊張大師，有時站在石頭椅子上，脖子伸長地看著溜滑梯上的平台，有時蹲在洞口，眼睛緊盯著洞穴那端的草皮，只怕這群黃金聖鬥士會逃離我的視線。

這時公園裡傳來此起彼落的聲音，「安安，你慢一點；阿吉，你再亂跑我要帶你回家了；Momo，不要逆向爬溜滑梯；阿飛，不要打架……。」原來，緊張大師不只我一個。

家長們的忐忑不安，與孩子們的熱情奔放形成強烈對比。

「當他擁有信任的夥伴，就會樂於嘗試新事物；當他準備好，就會展現無比的勇氣；當他感到安全時，就會勇於挑戰自己的極限。」我在腦中不斷重複這些話語，希望下次質疑孩子的勇氣時，會記得他們身上的美好特質。

CHAPTER 05

Sharing and Serving

分享與服務

- 親子之間的「分享（Sharing）」——共享生命歷程
- 分享不同人格的生命挑戰
- 親子之間的「服務（Serving）」——服務自己，愛自己
- 每天給自己六分鐘「靜心時間」

週日早晨，冬天的太陽剛從窗簾縫隙中穿透進來，小安已經忍不住在被子裡窸窸窣窣發出怪聲，接著爬到爸爸媽媽的床上，輕聲地在爸爸耳邊說：「我起床了，我肚子好餓！」

「你今天要吃什麼？」爸爸閉著眼睛說話，只期待能在被窩裡多掙扎三十秒。

只是小安沒有給爸爸太多賴床時間，立刻說：「我要自己煎蛋和烤麵包，但你要幫忙開瓦斯爐。」

爸爸被小安的主動性激勵，選擇離開溫暖的被窩，看著小安從冰箱拿出蛋和麵包，接著開烤箱、烤麵包、煎雞蛋、熱牛奶，很得意地做完所有動作。而且煎完自己的蛋

後，還興奮地說：「我也要幫你們煎蛋。」

一陣忙亂後，小安的假日早餐完美上桌。

這時聽到從房間傳來，「我還想再睡一下啦！」這是弟弟小博的日常慣例——賴床。

「你趕快出來看一下哥哥幫你做什麼早餐。」媽媽一邊拿衣服幫他換，一邊試著刺激小博起床的動機。

在房間內經過一番掙扎，小博睡眼惺忪地走到餐廳，這時爸爸和小安早已大口吃著豐盛的早餐。

小安咬了一大口麵包，開心地說，「小博，哥哥幫你煎了蛋喔，而且還切成一塊一塊的，你可以直接吃。」

爸爸看著小博呆呆坐在椅子上，輕聲問：「小博，你要吃早餐嗎？」

「要吃。」小博點點頭，但雙手卻一動也不動。

爸爸抬頭看了一眼時鐘，八點五分，心裡默默想著，「離八點五十出門還有時間，先不要著急，記得要停頓和傾聽。」

「爸爸，小博都不吃，可是我還想吃一塊麵包。」

「好，那你切一半吃。」

小安滿足地吃著他的奶油麵包，小博卻只是拿著麵包在嘴邊輕輕地咬著。

「小博，你是不是肚子還不餓？如果不餓可以晚點再吃。」爸爸試著展現多一點傾聽和理解，但看著時間一分一秒過去，內心的焦急感也慢慢升溫。

「我要吃。」小博緊緊抓著麵包，深怕麵包會被搶走，但仍然沒有開始吃，倒是跟哥哥聊起天來。

「請不要聊天了，趕快吃早餐，我們等一下要去教堂了。」媽媽看到爸爸的臉色出現變化，趕緊提醒小朋友快一點。

然而，小朋友的嬉鬧一旦開始了，往往就會一發不可收拾。兩個人你一言，我一句，小安甩動著雙手跳舞，小博更是直接跳下椅子，扭腰擺臀起來。

「不要吃了。」爸爸直接將小博的盤子和杯子收走。

看到早餐被收走，小博立刻停下來，大喊：「我要吃！」

「剛剛是不是就說過，請你趕快吃？」

「可是我要吃！」小博兩眼淚汪汪地點點頭。

「停頓、傾聽、理解」三個動作再次浮現在爸爸的腦中，他想著到底該堅持還是退讓；要理解五歲孩子的難以自我掌控，還是要孩子理解父母有期待準時到教堂的需求？要持續讓他練習自主學習，還是要他學會聽父母的話？

爸爸深深吸了口氣，緩緩地將盤子放回餐桌，「請你趕快吃，再五分鐘就真的要收拾了。」

這也是我的生活日常。即使不斷提醒自己要停頓、傾聽和理解，仍然會忍不住讓情緒爆炸。當看到小博不吃早餐，而是在忘情地跳舞時，我知道自己已走到「溝通的七種可能」中6號區域的「捕風捉影型」：雖然小博沒有說不要吃早餐，但我認為他根本不想吃，而且深信這就是他的想法。

在這個狀態下，我難以欣賞他的活力與創造力，更別說前一章談到的美好特質。

透過停頓、傾聽、理解三個動作，可以幫助親子間走向更深刻的溝通互動。然而有些時候，無論父母如何用心傾聽和理解，其溝通結果仍然可能不如內心的預期，孩子依舊會用自己的步調行動、認為自己的原則與方法才是最好的。

因此在 PLUS 的最後一個步驟，我們要談兩個重要的 **S**：「分享（**Sharing**）」與「服務（**Serving**）」。

親子之間的「分享（Sharing）」——共享生命歷程

電影《路卡的夏天》中，母親在家中嚴厲警告路卡，絕對不可以離開海裡，接著在路卡離開家裡要去工作時，母親站在門口，又溫柔地說：「你知道我是愛你的，對嗎？」「我是愛你的。」是父母內心永無止盡的矛盾，一方面想讓孩子安全健康快樂的長大，另一方面又期待他不斷地學習成長和自我突破。

當孩子在一歲多牙牙學語時，我們會猜測孩子想要表達的心意，並且鼓勵他多多說話；當孩子開始學習走路，嘴角滴著口水，帶著清爽的笑聲，開心地搖搖擺擺走向我們時，我們會用滿滿的笑容，張開雙手，準備迎接孩子完成這段零點五公尺的人生路途。

當孩子突然失去平衡跌倒時，雖然內心可能會期待自己能像閃電俠一般，在他雙膝著地之前，快速將他抱起，但往往只會在他跌倒後，放聲大哭時，抱著他，拍著他的背，輕聲地說：「跌倒了，沒關係，站起來，再試試！」

因為我們知道，身為父母唯一做不到的事，就是幫孩子過他的人生。

當孩子在成長旅途中，受到挫折而難過掙扎時，無論父母口中說出多少安慰和鼓舞孩子的話，心中都會實實在在地感受到一種無能為力之感——不能為他分擔一絲苦痛，也無法代替他面對挫敗的困境。

在傾聽和理解孩子的過程中，父母可能也會產生這種無力之感——看到孩子的衝動可能會吃虧、看到孩子的溫柔可能會被同儕欺侮、看到不善於言詞可能會錯失許多機會。身為父母的我們，可能會急著想提醒他注意和小心，然而很多時候，唯有讓孩子自己經歷這段挫敗歷程，才能真正的學習和成長。

那麼，我們究竟能為孩子做些什麼？

我們能分享孩子的喜怒哀樂、分享他們遇到的挑戰和侷限、分享自己的生命歷程，讓孩子知道我們一起走在這條成長的道路上。當我們能站在分享的角度與孩子溝通，將選擇的權利留給孩子，我們就會擁有更多的空間停頓、傾聽和理解。

分享不同人格的生命挑戰

在陪伴孩子的歷程中，父母很容易看見孩子某些人格特質，例如比較急躁、比較溫順、比較強勢、比較好動、比較慢條斯理、比較嚴謹……等。

好友談到自己九型的兒子小溫，小溫從小就非常乖巧，不需要父母操心，然而他的學業成績一直不太好。小溫深信自己就是不會讀書、不夠聰明、自己在這方面的能力不足，但從父親角度來看，能力從來都不是關鍵，而是內在的信念，小溫無意識地不想與人競爭，不想在群體中太過展顯自己的能力。這位父親沒有要求孩子接受自己的觀點，只是在旁支持和鼓勵他，直到他要出國唸書前，提醒小溫，「要讓別人聽見你的聲音，因為你很重要。」

另一位朋友說到七型的女兒阿喜，阿喜從小就活潑好動，學習速度快，喜好也非常廣泛。她的機伶和學習能力，讓她很容易找到工作，但卻沒有一份工作超過一年半，而且她也以此為樂。她的父親認為阿喜如果善用自己的聰明，在任何一份工作中深耕，應該能獲得更好的成果。在阿喜二十八歲生日時，她的父親帶著關心與擔心，提醒阿喜，「該定下來了，找一個願意深入的工作吧！」

有朋友說自己的四型孩子心思細膩，但難以融入群體中；五型的孩子明明對生物研究很深入，卻不願意站出來與同學分享自己的心得；六型的孩子願意順從老師的指導，卻常常不敢嘗試新事物……。

這樣的故事不勝枚舉，而且所有故事都還在進行式當中。前一章談到的九種人格美好特質，是想提醒父母，雖然每個孩子都有獨一無二的人格特質，但九種美好人格特質也都會烙印在孩子身上，只是在某些時候，孩子會停留在某個點比較久，需要一些時間走過那道關卡。

若我們能有意識的心停頓，保留足夠空間傾聽孩子的弦內之音，我們便能理解孩子與自己的觀點與挑戰，並且站在分享的角度，陪伴孩子走過關卡，再次找回其他屬於自己的美好特質。

下面有三個活動，可以幫助父母與孩子分享彼此的認識。

活動一 從父母角度分享對孩子的擔憂

寫下你對孩子的擔憂之處，先選出關於這些擔憂的形容詞，將類似的形容詞歸在同一類，再試著寫下具體的擔憂內容：

參考項目：

好強好鬥	傲慢無禮	遷就妥協	拖延	固執
自以為是	過度熱心	自我吹噓	害怕失敗	隱瞞事實
情緒暴躁	自怨自哀	孤僻	過度悲觀	猶豫不決
玩世不恭	無法專注	吹毛求疵	忽略個人需要	過度熱心
喜怒無常	三分鐘熱度	猶豫嘗試新事物	做事漫不經心	討好他人

你對孩子的擔憂之處

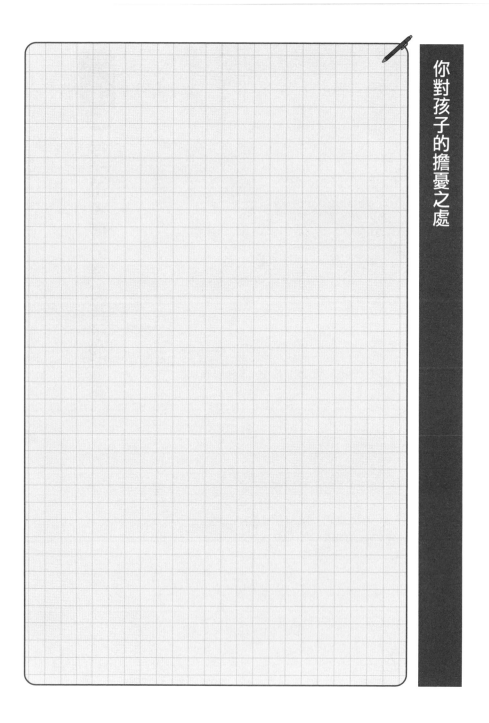

範例：

固執、自我吹噓、不接受他人幫助

我的孩子在家很有個性，當他決定一件事情後，無論面對任何的威脅利誘，他都不會改變，例如剛練習寫數字時，遇到忘記的數字，會不斷地說不會寫，但也不接受任何幫助，堅持一定要自己想出來，即使吃飯或睡覺時間到了，仍要堅持完成。家人朋友會誇獎他，有想法、很清楚自己要什麼，我則是擔心他過度自我中心，未來在團體生活中會吃虧。

慢慢發現，他其實可以不太在意其他人的眼光，當他決定要認真學習時，就會非常沉穩地學習，也因此獲得許多老師的讚美。下課回家的路上，有時會聽到他自吹自擂的說，「這太簡單了」、「我早就會了」、「我是最厲害的」，我的擔心又會浮現，想著他在學校裡，可能會被討厭吧！

活動二 從孩子角度分享對父母的認識

站在孩子的角度，猜想你的孩子會如何形容自己的爸爸媽媽。

我覺得我的爸爸（媽媽）______。

太過嚴格	太情緒化	變來變去
幫我太多	理論太多	太愛掌控
速度太快	太多擔憂	太沒原則

我覺得我的爸爸（媽媽）是______。

持續追求改善的專家	認識自己內心的專家	能一心多用的專家
了解別人心事的專家	願意探究學問的專家	帶領大家往前衝的專家
做事很有效率的專家	很會偵測危險的專家	讓大家和諧相處的專家

活動三 親子真心話大肯定

請準備以下道具：

1. 兩組形容詞卡片，每組共二十張。（可利用隨書附贈的小卡，也可自行製作。）家長拿一組，孩子拿一組。
2. 色鉛筆或原子筆。

分享題目：孩子身上有哪些「棒得不得了」的特質。

1. 家長和孩子各自從手上的卡片中，選出三張認為孩子擁有的美好特質，並在背面記下真實發生過的例子。
2. 雙方拿出卡片核對，若彼此選到一樣的卡片時，彼此擊掌並一起喊：「英雄」，因為英雄所見略同。
3. 請依卡片上的特質舉出生活中真實發生過的例子，分享後，把卡片上的星星著上顏色。

4. 完成分享後，家長問孩子「最喜歡自己的哪一項特質，為什麼？」

一人挑選三張卡片
拿到一樣的卡片，一起喊「英雄！」
彼此分享最喜歡自己的特質

★ Do：家長口頭肯定孩子對自己的觀察。

★ Don't：不要將個人價值觀植入孩子的腦海中，因為每一項特質都很棒，因此請不要告訴孩子，你自己最喜歡對方的某項特質。

★ 如果孩子問起你的喜好，請回答：每一項在我心目中都是很棒的！

親子之間的「服務（Serving）」——服務自己，愛自己

願意讀到這裡的讀者，一定是對自己有所期許，因此願意學習更多方式，與孩子建立更好的互動。然而，有時我也不禁納悶，以前的父母沒有那麼多親子教育資訊，也能順利把我們養大；現在到處充斥著各類關於親子教育的書籍和資訊，不斷告訴我們要這樣做或那樣做才是對孩子更好，結果往往是在還沒確定孩子有沒有感受到更好之前，父母早已累壞。

因此第二個S，也是PLUS的最後一個部分，談的是「服務（Serving）」。服務，不是父母服務孩子，而是父母要記得服務自己。先說段小故事，某個冬天晚上，快吃完晚餐時，我提醒不喜歡穿拖鞋的兒子，等一下記得把襪子穿上，因為地板很冰。他張開兩個大眼睛，笑笑地看著我說，「爸爸，那你幫我穿。」然後就把兩隻腳伸出來。我像是被催眠一樣，乖

乖地走到從客廳拿起襪子，蹲在地上幫他穿襪子。

那個時刻，我突然真切地感受到父母是世界上最卑微的一個工作，沒有之一。先撇開這是無給職的工作之外，在外忙碌工作一天，煮完晚餐，讓他吃飽喝足後，還要蹲在地上幫他穿襪子！難怪好友也被她七歲的孩子形容：「有錢、力大無窮、像個僕人。」

寫這段文章時，剛經歷過因 Covid-19 的三級警戒，有兩個多月的時間與兩個小男孩二十四個小時朝夕相處，每天從早上六點多奮戰到晚上九點多。雖然不可否認，那絕對會是一段難得的親子互動記憶，但應該也是我成為父親以來，最頻繁暴怒的期間。

現在回想起來，其實大部分都是因為一些小事生氣，例如每天耗盡心思張羅孩子的三餐，卻被嫌東嫌西；期望週日有一小時安靜參與彌撒的時間，孩子卻在我們面前吵架、唱歌、跳舞。如

果是在一般狀態下，都是很容易解決的問題，不想煮飯，就搭配去餐廳外食；在教堂參與彌撒，可以讓孩子在戶外空間跑一跑。因為缺少獨自空間，而感到一種無法呼吸的窒息感，讓積壓的負面情緒一下子爆發出來。

在那段時間，我更體會給自己空間停下來的重要性。停下來，並非停下來抽根菸、看看臉書動態、喝杯咖啡、跟朋友聊聊天，而是停下來跟自己相處，停下來提醒自己呼吸，停下來讓自己回到較好的狀態。正念靜心是我認為最簡單實惠，而且有用、好用的方式，能夠幫助我單純地跟自己在一起。

每天給自己六分鐘「靜心時間」

正念靜心源自東方佛禪的靜坐狀態，是指以開放的思維，專注覺察此時此刻，不隨腦中念頭或內心感受波動，只是單純的觀察自己。近三十年來，許多學者持續發現靜心對於人的幫助，因此廣泛運用在減壓、心理治療、職場工作等，像是谷歌、微軟等國際企業，都有相關課程，鼓勵員工練習靜心。關於靜心，在許多書籍和網路上已有相當豐富的資訊，在此就不再重述。

然而，想跟各位父母談的，是如何將靜心運用在生活中。每天忙碌在工作和家庭兩頭燒的父母，可能會覺得靜心是一種奢侈的事情，當早上趕著上班，看著孩子在餐桌上悠哉的吃著麵包時，怎可能不著急？當孩子在賣場東奔西跑，還不停尖叫時，怎可能不大聲提醒他們安靜下來？當陪孩子上山下海玩了一整天，孩子仍不知足的抱怨晚餐不好吃時，怎可能不感到挫折和煩躁？

的確，身為父母的我們，一定會感

面對緊湊的時間壓力，父母也要照顧自己的內在需求。

到著急、擔憂、失望、憤怒，就像書中舉的許多例子，我也時常會失控暴走，但也因為如此，更需要給自己靜心的時間。靜心，不需要等待「絕佳時刻」，像是孩子上課後的獨處時間。無論是走路、坐車、煮飯、睡前，或者陪小孩睡覺時，只要想起它，任何時刻都可以成為我們的靜心時刻。

當我們給自己時間靜心，安頓自己的頭腦、內心和身體，我們就會有更多的空間和能量「停頓」、「傾聽」、「理解」、「分享與服務」，進而與孩子擁有更多良好的溝通。

以下分別為每種人格型號提供一段靜心語，但並非只有該型號才能閱讀。只要有需要，每一個人都可以運用九種靜心語，就如同我們每個人都擁有九種美好的型號本質一樣。你可以在靜心時播放音檔，也可以錄下自己唸的靜心語，再播放音檔，聆聽自己的聲音來靜心。

給自己時間靜心，安頓頭腦、內心和身體

一型——至善之心

生命是美好且完善的，當我與真理同在時，我能體會自己的美好與至善。然而，生活中有許多不如預期的失誤和錯誤，我可能會批評、抱怨、自責，我可能會否定自己也否定他人，我可能會拒絕他人的幫助，我可能會感到失望和憤怒。

我要釋放身體的緊張；我要釋放內心的抗拒；我要釋放擔心錯誤的恐懼；我要釋放對於自己不完美的批判；我要釋放賦予自己身為父母角色的壓力；我要釋放過去經歷過的種種負面經驗。

當我寧靜時，我會保有好奇和讚賞的眼光；當我寧靜時，我會認同自己與他人的美好；當我寧靜時，我知道真理從未遠離；當我寧靜時，我會感受自己是純淨可愛的；當我寧靜時，我渴望與家人分享內心的喜悅；當我寧靜時，我會愛著彼此的不完美。

我是自由的、放鬆的、美好的，我正在跨越所有否定我、束縛我、使我遠離真理的障礙，我正在感受一切事物，都在最好的安排中顯化。

二型——真愛之心

愛與關懷是親子之間的原始本能。因著愛，我來到這個世界上；因著愛，我被養育和照護；因著愛，我願意將美好的經驗傳遞出去，愛護我的孩子。然而，有時我會感到孤單，因為得不到期望中的關懷；有時我會感到悲傷，因為對方誤解我的善意；有時我會感到憤怒，因為我的愛被對方拒絕；有時我會感到痛苦，因為我無法感受到愛。

當我寧靜時，我會接受我的失落與悲傷；當我寧靜時，我會以開放的心接受環繞著我的愛；當我寧靜時，我會釋放不被愛的恐懼；當我寧靜時，我會勇敢接受他人給我的愛；當我寧靜時，我會感受到自己是被愛的；當我寧靜時，我會接納所有的一切，放下所有的批判想法。

因著接納所有一切，我願意給予對方最好的，即使對方的回應不如我的期待；我願意給予自己最好的，因為我值得擁有美好的事物。

愛是甜蜜的、愛是純粹的、愛是滋養的。我在愛，我在被愛，我就是愛。

三型——開創之心

生命擁有無限的創造力量，我會激發自己的潛能，實踐自我理想；我會善用自己的天賦，回應家人的需要；我會超越自己，活出自己最完美的樣貌。

然而，不斷的成長前進，有時也會讓我感到疲憊，持續保持最佳狀態，有時也會讓我感到疲乏，掩藏內心的挫折、焦慮或恐懼，有時也會讓我感到手足無措，讓我看不清自己的真實樣貌。

當我寧靜時，我相信「我」就是上天的禮物；當我寧靜時，我相信「我」就是美好與可愛的；當我寧靜時，我相信自己擁有無限的可能性與創造力；當我寧靜時，我會欣賞每一次挫折，因為它使我更強壯；當我寧靜時，我會珍惜每一次勝利，因為它使我更謙遜。

如果我是風，我會成為撫慰人心的微風；如果我是火，我會成為溫暖眾生的太陽；如果我是木，我會讓每位疲憊的旅人，都在我的樹蔭下，重新獲得能量；如果我是土，我會築起堅硬的圍牆，讓家人感到安定；如果我是水，我會化成各種型態，讓家人互動成為水流般的脈動。

我會如實地存在著，學習如何愛和如何被好好愛著。

四型——覺知之心

自我探索是生命的核心，唯有認清自己是誰，身處何處，才知道要往哪裡去。然而，真實的我並非一成不變，而是每時每刻都在轉變與更新。因此，有時我會感到迷茫，不知道該配合他人需要，還是堅持做自己；有時我會感到混亂，難以疏理內心紛亂的情緒；有時我會感到悲傷，感受不到自己與世界的連結；有時我又會感到莫名的自豪，因為我是如此與眾不同。

當我寧靜時，我的心是安定的；當我寧靜時，我的情緒是平穩的；當我寧靜時，我的內在是充實的；當我寧靜時，我的身體是放鬆的；當我寧靜時，我清楚做自己不需要特別費力；當我寧靜時，我會看見自己的內在心念和外在行為；當我寧靜時，我知道自己是如此的獨特且美好。

當我寧靜時，我會告訴自己：

- 我相信且確認內在的覺知與智慧正指引著我。
- 我會打開心胸，接受生命中，新的覺知與觀點。
- 我會感激每一次與孩子的互動和啟發。
- 我會以愛、和平和喜悅來環抱身邊的每一個人。
- 我全然地接受內在全面的更新、突破和轉化。

五型——智慧之心

智慧引領我看見真理，與真理相遇時，我會體驗智慧與慈悲的結合。生活中，有時我會與他人保持距離，確保我的思考空間；有時我會沉浸在書中，努力累積更多知識；有時我會挑戰自己的思維能力，提升自己的洞察力和理解力。

然而，當我遠離人群時，我看不見自己知識的價值；當我單純地積累知識時，我發現自己離智慧越來越遠；當我躲在腦中思考時，我無法真正地與真理相遇。

當我寧靜時，我是穩固的；當我寧靜時，我會踏實地站穩雙腳；當我寧靜時，我會放下腦中的雜念；當我寧靜時，我會感受全然的安靜；當我寧靜時，我會體驗內在豐沛的情感；當我寧靜時，我會渴望走出知識的盔甲，自在地與人互動；當我寧靜時，我會關心家人的感受與需要；當我寧靜時，我會分享自己的喜怒哀愁；當我寧靜時，我明白真理必然在愛中。

我接納自己的無知，我接納自己的智慧，我接納擁有的一切都會流逝。

六型——安定之心

我是安全的，我是明智的，我是穩定的，我是豐富的，我是充滿自信的。生活中，有時會面臨混亂的狀態，像是一艘在狂風暴雨中的小船，有時我會感到茫然無助，有時我的內心會騷動不安，有時我會陷入莫名的焦慮當中，擔心自己不被愛、不被保護、無力面對困境。

當我寧靜時，我會以平靜的心面對混亂，像是扎根在土裡的青綠色小草，在風吹、日曬、雨淋之後，仍然挺起身來，向上生長。當我寧靜時，我會看見自己美好的特質；當我寧靜時，我能清楚分辨自己所要的選擇；當我寧靜時，我會接收自己內在智慧的指引；當我寧靜時，我能全然地信任家人的關心與愛護；當我寧靜時，我知道我是被支持的、我是被愛護的、我是安全的、我是穩定的、我是有力量的。

當我看見自己美好的特質，我能接受生活中的不確定性，也會擁有信心、勇氣與力量，實現自己的天命。

七型——喜悅之心

快樂與喜悅是我的本質，然而，有時我也會感到倦怠、疲憊或不安；有時我與家人的關係也會僵化或停滯；有時我有力氣修補彼此的關係；有時我會更新僵化的想法，以及重啟停滯的溝通。

我是開放的、愉悅的、創新的、充滿幽默感的，像是春天清晨的小樹，在金黃色的朝陽照耀下，露出如青蘋果般的嫩芽，自然散發出清新的芬香，綻放出希望的生命氣息。

當我寧靜時，我會感受到內心的滿足與喜樂；當我寧靜時，我知道自己擁有所有的選擇權；當我寧靜時，我能自在的面對當下的情緒，無論是快樂、悲傷、興奮、難過、放鬆、緊張。當我寧靜時，我知道我的心是開放的。

當我收下不如意的經驗和感受時，我發現自己的內在空間更大了，可以容納更多美好的事物。美好，是如實的接納當下的一切。

我發現自己更放鬆，可以自在的體驗和感受每次與孩子的美好互動，可以將幸福、愛和喜樂散發給孩子、家人和身邊所有的人。

八型——勇者之心

勇氣和力量，是許多人眼中的我，的確，我擁有那些特質，同時，我也有一顆溫暖的心，期待愛護和保護我的家人。有時我會憤怒，因為看見家人遭受不公平的對待；有時我會無奈，因為家人承受委屈卻不敢說出來；有時我會挫折，因為最親密的人以為我在控制他；有時我會難過，因為自己不小心傷害了家人；有時我會疲憊，因為我一直扛著大家的重擔。

我是豐盛的、自由的、充滿正義感的，像是一名在黎明出征的勇士，穿著暗夜中仍散發著光芒的盔甲，為了家人和自己出征。然而，出征並非為了征服，而是為了讓家人擁有安定、安穩的家，讓自己能夠安心的回家。

當我寧靜時，我會看見自己內心的衝突；當我寧靜時，我會疼惜自己的身體和心情；當我寧靜時，我會感受到自己和孩子蘊藏的善意；當我寧靜時，我會相信孩子能成為自己的光；當我寧靜時，我知道這一切是最好的安排。

當我回到家，卸下盔甲，我會珍惜自己的力量與脆弱，我會聆聽內在智慧的指引，領悟當下的每一分喜悅和幸福，將豐盛的恩寵帶入親密的親子關係中。

九型——融合之心

平衡、和諧、圓滿是生命的本質，然而，生活中有時會有些混亂，當我面對無法化解的衝突，當我與所愛的人分離，當我需要與他人競爭時，我可能會感到無奈，可能會感到哀傷，可能會避免表達內心的想法，可能會躲回自己的內在空間。

當我寧靜時，我能感受到自己的平衡與和諧；當我寧靜時，我能清晰明辨內心的想法與渴望；當我寧靜時，我接受我的直覺力；當我寧靜時，我會如實地表達自己的想法；當我寧靜時，我會全然的投入每次與家人的互動；當我寧靜時，我會堅持完成自己的目標；當我寧靜時，我會如是的存在。

我是包容的、接納的、平和的、願意聆聽的，像是與藍天連成一片的海洋，接納山上流下的溪水、天上滴下的雨水，承載著在海上飄泊的人們，養育水中和陸地上的生物。

我肯定自己的價值，我肯定自身的存在，我肯定自己強大的內心，我肯定自己與萬物的融合。

不斷練習心停頓，創造親子加分對話

書中最後停留在各型號的靜心語，好像有種話沒說完的感覺，但其實真的說完了。

當年學習正向教養時，老師就強調，教養上，我們不給家長解法，而是將問題拿出來，與大家一起思考各種可能。因為無論提出任何解法，總有人會說，「你不懂啦！我的狀況是……。」是的，親子教養並非是非題或選擇題，而是申論題。隨著人、事、時、地、物的變化，解決方式總會有些微的不同，例如孩子吃飯時一直講話，一餐飯吃一個多小時，能不能催促他快點？孩子房間時常亂糟糟，要不要規定他保持乾淨？這時總有些父母覺得隨意自在就好，有些則認為必須設定規範。解決方案牽涉到時空背景，以及父母本身的價值觀，也就是人格特質或家庭教養。

若站在自己的人格特質思考，這些問題往往都會變成是非對錯的二元爭論；若能回到自己較好的狀態，通常會產生一些好奇心，好奇孩子不想收拾的原因，或者發現他其實也不喜歡這樣的髒亂，進而變成一段讓彼此關係加分的對話。

現代生活中的忙碌和３Ｃ產品，往往是阻礙父母與孩子良性互動的兩大主因，然而，我們無法改變現代生活的高速運轉，唯一能做的，就是懂得讓自己心停頓。因此，最後用靜心語送給大家，期望它能陪伴各位，照顧好自己，繼續與孩子一同學習當父母、當孩子。

獻給讓這本書順利完成的你們

早在十年前，已有人邀請我寫關於九型人格與親子的書籍，但因為總擔心九型人格會變成一種標籤，使父母以此判斷孩子的特質，造成適得其反的刻板印象，一拖就是十年。這本書來回改了大概十個版本，直到吼妹建議使用 PLUS 溝通原則，才讓這本書的方向確定，也因她前期積極地投入撰寫，才讓這本書能順利開展。

完成這本書要感謝許多人，首先是吼妹，我的學習成長夥伴和引導者。這幾年來，無論從心理學、靈性或企業角度，都持續讓我看見新的可能，妳的洞見往往遠超過我的想像，謝謝妳全心的陪伴。

感謝九型人格旅途中的夥伴 Jacquelin 和 Stingo。疫情這兩年，雖然無法實際見面，但彼此的交流反而更深入。每個月的對話練習和《九型人格有問必答》頻道的錄製，都督促著我要更認真做自我觀察功課。謝謝你們讓我記得，任何九型人格課程都會結束，但認識自己的學習卻從來沒有終點。

感謝一直默默支持我的父母。學習九型人格是因為你們的促成，開始教導九型人格也是因為你們的邀請，謝謝你們在生活中，展現最佳的 PLUS 範例。自從第二本書出版後，你們只是偶爾在餐桌上輕聲地問：「會有下一本書嗎？」我猜想，這本書的出版，你們可能會比我更興奮吧。

最後要感謝我的老婆和小孩，只有你們要身歷其境地體驗我在家中的真實樣貌，謝謝你們的包容，也謝謝你們與我的生命經驗，讓這本書可以完成。

吼哥吼妹連連看解答及説明

吼妹

・怒吼：學校剝奪式教育

孩子犯規，懲罰是剝奪教育機會，要求孩子離開教室，不能上課。

媽媽在心裡怒吼著：「剝奪下成長的孩子，學會敵意，卻遠離了愛！」

・歡吼：孩子驚奇創意力

大寶問：如果可以擁有一項超能力，你希望是什麼？為什麼是這項超能力？

小寶問：如果你可以發明一樣東西，幫助這個世界，你想發明什麼呢？

大寶：老師沒有把那位同學教好，為什麼不是老師受到懲罰？

小寶：為什麼人類會驕傲自大？

・驚吼：屢屢失控的脾氣

媽媽吼：為什麼講了那麼多次，還是學不會？

孩子低聲回：我也覺得為什麼媽媽每次還是只會吼？

・喜吼：探索生命與教育意義

大寶：人為什麼活著？

小寶：人為什麼會死？

大寶：那要怎樣活，才是有意義的？

小寶：那要怎樣死，才是開開心心的？

吼哥

・樂吼：寒流也要帶孩子游泳

寒流來襲，孩子說好想游泳。

媽媽：這麼冷，怎麼游啊？

爸爸樂吼：就是冷，才要去游泳啊，泳池水是溫的。

・狂吼：氣瘋了，拍桌，痛死

請孩子反省自己做錯的事情，孩子毫無反應。

爸爸生氣拍桌，內心狂吼：「幹嘛神經病拍桌子，痛死，而且孩子更沒反應。」

・不吼：孩子哭鬧，躲進房間

孩子：我長大要做爸爸。

爸爸：為什麼？

孩子：因為爸爸可以大吼。（做出暴龍怒吼的樣貌）

爸爸心中默許：下次孩子哭鬧，要忍住不出面干涉。

・悶吼：面對制式無趣的學習

孩子上美術課，老師說：這個地方畫得很醜，我要擦掉囉！

爸爸內心不滿的吼著：為什麼一定要畫出漂亮的圖？為什麼那才是漂亮作品？

隨書附贈兩款親子互動遊戲卡——

「親子真心話大肯定」小卡兩組共40張（每組20張）、「我心目中的你」小卡三組共24張（每組8張）。

親子互動遊戲卡1——親子真心話大肯定

可用以下三種方式進行：

・**與自己玩**

每天與孩子朝夕相處，有時會忘記他們那些微小但可愛的優點，例如在看到路上有野狗，媽媽緊張的抓住他的手時，他勇敢地站在媽媽前面說，「我會保護你。」使用這組卡片，可以提醒自己記得孩子好棒棒的美好特質。

・**與孩子玩**

這個活動不但能幫助孩子認識自己，還能提升他們的自信心；即使在外界環境中遇到挫折，仍能找回肯定自己的力量。詳細活動方式請見本書第169頁。

・與伴侶玩

有了孩子後，生活時常會繞著孩子轉，夫妻之間有時想要好好說段話都很難，不是被孩子打斷，就是早已精疲力竭。夫妻也可以使用這組卡片作為彼此對話的橋梁，進行方式不拘。記得愛越是說出來，越能提升彼此的關係。

親子互動遊戲卡2——我心目中的你

每天朝夕相處的親密伴侶，也可能有一些對方不知道，或自己沒有注意到的小習慣，例如會翹腳、打呼、說話喜歡帶有語助詞，這個活動可以幫助爸爸媽媽更全面地認識自己。這組卡片題目設計偏向負面行為，因為負面行為時常會變成自己的盲點，更需要對方的提醒，但你也可以針對自己的特質，發揮創意設計題目。

進行方式如下：

1. 爸爸、媽媽、孩子各拿一組8張卡片，圈選卡片中的描述較像爸爸或媽媽，空白卡片可以寫下自己想要描述的形容詞。
2. 彼此分享自己卡片上的答案，若與對方答案不同時，可以分享彼此的觀點。
3. 請依卡片上的特質舉出生活中真實發生過的例子，分享後，把卡片上的愛心著上顏色。

Orange Life 20

國家圖書館出版品預行編目 (CIP) 資料

PLUS親子加分學：用九型人格理解孩子的心 / 陳思宏著；楊雯婷圖.
-- 初版. -- 桃園市：橙實文化有限公司, 2022.03
面；　公分. -- (Orange life ; 20)
ISBN 978-626-95198-3-5（平裝）
1.CST: 人格心理學 2.CST: 人格特質 3.CST: 親職教育
173.75　　110022761

PLUS 親子加分學

——用九型人格理解孩子的心

作者　陳思宏

出版發行
橙實文化有限公司 CHENG SHI Publishing Co., Ltd
粉絲團 https://www.facebook.com/OrangeStylish/
MAIL: orangestylish@gmail.com

作　　者　陳思宏
內頁插畫　楊雯婷
總 編 輯　于筱芬　CAROL YU, Editor-in-Chief
副總編輯　謝穎昇　EASON HSIEH, Deputy Editor-in-Chief
業務經理　陳順龍　SHUNLONG CHEN, Sales Manager
行銷主任　張佳懿　KAYLING CHANG, Social Media Marketing
美術設計　楊雅屏　YANG YAPING, Art Designer
內頁排版　黃雅芬
製版／印刷／裝訂　皇甫彩藝印刷股份有限公司

編輯中心
ADD／桃園市大園區領航北路四段 382-5 號 2 樓
2F., No.382-5, Sec. 4, Linghang N. Rd., Dayuan Dist., Taoyuan City 337, Taiwan (R.O.C.)
TEL／（886）3-381-1618　FAX／（886）3-381-1620

經銷商
聯合發行股份有限公司
ADD／新北市新店區寶橋路 235 巷 6 弄 6 號 2 樓
TEL／（886）2-2917-8022　FAX／（886）2-2915-8614

初版日期 2022 年 3 月

☆☆☆ 親子真心話大肯定

說到做到

PLUS 親子加分學：用九型人格理解孩子的心

☆☆☆ 親子真心話大肯定

做事有條理

PLUS 親子加分學：用九型人格理解孩子的心

☆☆☆ 親子真心話大肯定

主動積極

PLUS 親子加分學：用九型人格理解孩子的心

☆☆☆ 親子真心話大肯定

獨立自主

PLUS 親子加分學：用九型人格理解孩子的心

☆☆☆ 親子真心話大肯定

愛學習

PLUS 親子加分學：用九型人格理解孩子的心

☆☆☆ 親子真心話大肯定

專注力強

PLUS 親子加分學：用九型人格理解孩子的心

☆☆☆ 親子真心話大肯定

樂觀開朗

PLUS 親子加分學：用九型人格理解孩子的心

☆☆☆ 親子真心話大肯定

好奇心強

PLUS 親子加分學：用九型人格理解孩子的心

發生實例

發生實例

發生實例

發生實例

發生實例

發生實例

發生實例

發生實例

☆☆☆ 親子真心話大肯定

善解人意

PLUS 親子加分學：用九型人格理解孩子的心

☆☆☆ 親子真心話大肯定

隨和

PLUS 親子加分學：用九型人格理解孩子的心

☆☆☆ 親子真心話大肯定

樂於分享

PLUS 親子加分學：用九型人格理解孩子的心

☆☆☆ 親子真心話大肯定

貼心

PLUS 親子加分學：用九型人格理解孩子的心

☆☆☆ 親子真心話大肯定

心思敏銳

PLUS 親子加分學：用九型人格理解孩子的心

☆☆☆ 親子真心話大肯定

想像力強

PLUS 親子加分學：用九型人格理解孩子的心

☆☆☆ 親子真心話大肯定

細心謹慎

PLUS 親子加分學：用九型人格理解孩子的心

☆☆☆ 親子真心話大肯定

責任感強

PLUS 親子加分學：用九型人格理解孩子的心

發生實例

發生實例

發生實例

發生實例

發生實例

發生實例

發生實例

發生實例

☆☆☆ 親子真心話大肯定

勇敢

PLUS 親子加分學：用九型人格理解孩子的心

☆☆☆ 親子真心話大肯定

正義感強

PLUS 親子加分學：用九型人格理解孩子的心

☆☆☆ 親子真心話大肯定

PLUS 親子加分學：用九型人格理解孩子的心

☆☆☆ 親子真心話大肯定

PLUS 親子加分學：用九型人格理解孩子的心

☆☆☆ 親子真心話大肯定

說到做到

PLUS 親子加分學：用九型人格理解孩子的心

☆☆☆ 親子真心話大肯定

做事有條理

PLUS 親子加分學：用九型人格理解孩子的心

☆☆☆ 親子真心話大肯定

主動積極

PLUS 親子加分學：用九型人格理解孩子的心

☆☆☆ 親子真心話大肯定

獨立自主

PLUS 親子加分學：用九型人格理解孩子的心

發生實例

發生實例

發生實例

發生實例

發生實例

發生實例

發生實例

發生實例

☆☆☆ 親子真心話大肯定

愛學習

PLUS 親子加分學：用九型人格理解孩子的心

☆☆☆ 親子真心話大肯定

專注力強

PLUS 親子加分學：用九型人格理解孩子的心

☆☆☆ 親子真心話大肯定

樂觀開朗

PLUS 親子加分學：用九型人格理解孩子的心

☆☆☆ 親子真心話大肯定

好奇心強

PLUS 親子加分學：用九型人格理解孩子的心

☆☆☆ 親子真心話大肯定

善解人意

PLUS 親子加分學：用九型人格理解孩子的心

☆☆☆ 親子真心話大肯定

隨和

PLUS 親子加分學：用九型人格理解孩子的心

☆☆☆ 親子真心話大肯定

樂於分享

PLUS 親子加分學：用九型人格理解孩子的心

☆☆☆ 親子真心話大肯定

貼心

PLUS 親子加分學：用九型人格理解孩子的心

發生實例

發生實例

發生實例

發生實例

發生實例

發生實例

發生實例

發生實例

☆☆☆ 親子真心話大肯定

心思敏銳

PLUS 親子加分學：用九型人格理解孩子的心

☆☆☆ 親子真心話大肯定

細心謹慎

PLUS 親子加分學：用九型人格理解孩子的心

☆☆☆ 親子真心話大肯定

勇敢

PLUS 親子加分學：用九型人格理解孩子的心

☆☆☆ 親子真心話大肯定

PLUS 親子加分學：用九型人格理解孩子的心

☆☆☆ 親子真心話大肯定

想像力強

PLUS 親子加分學：用九型人格理解孩子的心

☆☆☆ 親子真心話大肯定

責任感強

PLUS 親子加分學：用九型人格理解孩子的心

☆☆☆ 親子真心話大肯定

正義感強

PLUS 親子加分學：用九型人格理解孩子的心

☆☆☆ 親子真心話大肯定

PLUS 親子加分學：用九型人格理解孩子的心

發生實例

發生實例

發生實例

發生實例

發生實例

發生實例

發生實例

發生實例

♡♡♡ 我心目中的你

愛說教

PLUS 親子加分學：用九型人格理解孩子的心

♡♡♡ 我心目中的你

愛催人

PLUS 親子加分學：用九型人格理解孩子的心

♡♡♡ 我心目中的你

愛生氣

PLUS 親子加分學：用九型人格理解孩子的心

♡♡♡ 我心目中的你

愛妥協

PLUS 親子加分學：用九型人格理解孩子的心

♡♡♡ 我心目中的你

好淡定

PLUS 親子加分學：用九型人格理解孩子的心

♡♡♡ 我心目中的你

好緊張

PLUS 親子加分學：用九型人格理解孩子的心

♡♡♡ 我心目中的你

____

PLUS 親子加分學：用九型人格理解孩子的心

♡♡♡ 我心目中的你

____

PLUS 親子加分學：用九型人格理解孩子的心

我覺得這比較像：

爸爸

媽媽

我覺得這比較像：

爸爸

媽媽

我覺得這比較像：

爸爸

媽媽

我覺得這比較像：

爸爸

媽媽

我覺得這比較像：

爸爸

媽媽

我覺得這比較像：

爸爸

媽媽

我覺得這比較像：

爸爸

媽媽

我覺得這比較像：

爸爸

媽媽

我心目中的你

愛說教

PLUS 親子加分學：用九型人格理解孩子的心

我心目中的你

愛催人

PLUS 親子加分學：用九型人格理解孩子的心

我心目中的你

愛生氣

PLUS 親子加分學：用九型人格理解孩子的心

我心目中的你

愛妥協

PLUS 親子加分學：用九型人格理解孩子的心

我心目中的你

好淡定

PLUS 親子加分學：用九型人格理解孩子的心

我心目中的你

好緊張

PLUS 親子加分學：用九型人格理解孩子的心

我心目中的你

PLUS 親子加分學：用九型人格理解孩子的心

我心目中的你

PLUS 親子加分學：用九型人格理解孩子的心

我覺得這比較像：

爸爸　　媽媽

我覺得這比較像：

爸爸　　媽媽

我覺得這比較像：

爸爸　　媽媽

我覺得這比較像：

爸爸　　媽媽

我覺得這比較像：

爸爸　　媽媽

我覺得這比較像：

爸爸　　媽媽

我覺得這比較像：

爸爸　　媽媽

我覺得這比較像：

爸爸　　媽媽

我心目中的你

愛說教

PLUS 親子加分學：用九型人格理解孩子的心

 我心目中的你

愛催人

PLUS 親子加分學：用九型人格理解孩子的心

愛生氣

PLUS 親子加分學：用九型人格理解孩子的心

 我心目中的你

愛妥協

PLUS 親子加分學：用九型人格理解孩子的心

 我心目中的你

好淡定

PLUS 親子加分學：用九型人格理解孩子的心

 我心目中的你

好緊張

PLUS 親子加分學：用九型人格理解孩子的心

———————————————

PLUS 親子加分學：用九型人格理解孩子的心

———————————————

PLUS 親子加分學：用九型人格理解孩子的心

我覺得這比較像：

爸爸 媽媽

我覺得這比較像：

爸爸 媽媽

我覺得這比較像：

爸爸 媽媽

我覺得這比較像：

爸爸 媽媽

我覺得這比較像：

爸爸 媽媽

我覺得這比較像：

爸爸 媽媽

我覺得這比較像：

爸爸 媽媽

我覺得這比較像：

爸爸 媽媽